Research on the
SUPERVISION
and Incentive Mechanism
of Independent Directors

独立董事监督及激励机制研究

徐延利 ◎著

中国财经出版传媒集团
经济科学出版社
Economic Science Press
·北京·

图书在版编目（CIP）数据

独立董事监督及激励机制研究/徐延利著．––北京：经济科学出版社，2024.1
ISBN 978–7–5218–5489–3

Ⅰ.①独… Ⅱ.①徐… Ⅲ.①上市公司–董事会–研究–中国 Ⅳ.①F279.246

中国国家版本馆 CIP 数据核字（2024）第 004649 号

责任编辑：周国强
责任校对：王京宁
责任印制：张佳裕

独立董事监督及激励机制研究
DULI DONGSHI JIANDU JI JILI JIZHI YANJIU
徐延利　著
经济科学出版社出版、发行　新华书店经销
社址：北京市海淀区阜成路甲 28 号　邮编：100142
总编部电话：010–88191217　发行部电话：010–88191522
网址：www.esp.com.cn
电子邮箱：esp@esp.com.cn
天猫网店：经济科学出版社旗舰店
网址：http://jjkxcbs.tmall.com
固安华明印业有限公司印装
710×1000　16 开　8.5 印张　150000 字
2024 年 1 月第 1 版　2024 年 1 月第 1 次印刷
ISBN 978–7–5218–5489–3　定价：48.00 元
（图书出现印装问题，本社负责调换。电话：010–88191545）
（版权所有　侵权必究　打击盗版　举报热线：010–88191661
QQ：2242791300　营销中心电话：010–88191537
电子邮箱：dbts@esp.com.cn）

前　言

我国是典型的大陆法系国家，在公司立法上采取的是"二元制"组织体系，即在股东大会下设立董事会和监事会，分别行使决策权和监督权。然而，在实践中，由于监事会成员都是企业内部人，并且不参与董事会决策，造成监事会形同虚设。由于监事会难以发挥监督作用，因此，大陆法系国家纷纷引进独立董事制度，旨在解决上市公司董事会中的事前监督和事中监督问题。中国证监会2001年颁布相关法规，要求我国各上市公司都要设立独立董事制度，并且要求在2003年6月30日以前上市公司董事会中的独立董事至少要达到1/3。我国于2006年1月1日起施行的经过修订的《中华人民共和国公司法》明确规定上市公司必须设立独立董事制度。我国立法机关将关于独立董事制度的规定从部门法规上升到国家法律的层次，这从另一个侧面表明独立董事制度在上市公司中的重要性。但是，由于相关法规不配套、制度不完善、机制不明确，尤其是对独立董事的提名权和选举权全都掌握在内部董事手中，独立董事能否发挥出监督作用就成为理论上和现实中都迫切需要解决的重要问题。

本书运用理论与实证相结合、定量与定性相结合、博弈论、委托代理理论、效用理论、寻租理论、成本收益理论、信息经济学、数理演绎推理等多种分析方法，研究董事会内部的治理问题，探讨独立董事监督行为中存在的问题及其解决办法。

本书首先对独立董事的监督和监督行为等概念或范畴进行了定义和界定，

讨论了监督主体与激励主体同一和不同一情况下监督与激励的关系。

基于机制不健全情况下独立董事倾向于与内部董事进行一定程度合谋的理论假设，构建了考虑独立董事监督强度、监督成本等多要素的独立董事对内部董事监督行为的博弈模型，并进行均衡求解、分析讨论，从理论上探索独立董事监督行为的影响因素，探索如何提高独立董事的监督积极性、降低合谋程度。阐述了独立董事之间相互监督的博弈模型，对唯一的纳什均衡点进行了分析。

在激励机制研究部分，分别论述分析了对称信息条件下和不对称信息条件下独立董事的最优激励方案，构建了考虑到监督强度、信号监控力度等多要素的基于监控机制的独立董事激励机制模型、基于处罚机制的投资者与独立董事之间的激励博弈模型。通过模型分析，探索了独立董事激励机制的影响因素，研究了独立董事激励机制与监控机制、激励机制与惩罚机制的相互关系。

实证部分，采用案例研究的分析方法，对阐释的独立董事监督理论和激励理论及其观点和结论进行了应用性验证。

本书的主要研究工作如下：首先，在独立董事监督和监督行为、监督主体与激励主体同一情形与不同一情形下监督与激励的关系等概念、范畴的定义和界定方面，作出了新的释义；其次，从动态的、互动的角度，初步阐释了博弈的、综合制度约束、监督强度、监督成本等多个要素的独立董事对内部董事的监督理论；最后，在对独立董事激励机制研究过程中，引入了监控机制和处罚机制，扩展了激励机制的理论框架及研究边界。

本书剖析了独立董事监督行为的微观机理，研究设计了独立董事的激励机制，在实际中，这将有助于防范独立董事与内部董事合谋、激励其发挥监督作用，也将有助于完善独立董事制度、改善公司治理状况、促进上市公司规范运作、提高绩效、增强企业竞争力，从而切实维护广大投资者的合法权益。

本书所阐明的机制及机理，无论对于公司治理，还是对于国家治理，都具有一定的借鉴意义。

目 录

第1章 绪论 ·· 1

    1.1 研究背景及问题提出 ·· 1

    1.2 相关概念和研究范围界定 ·· 3

    1.3 国内外相关研究综述 ·· 13

    1.4 研究意义 ·· 27

    1.5 研究目的 ·· 30

    1.6 研究内容和研究方法及研究框架 ································ 30

第2章 独立董事监督职能与合谋问题分析 ························· 34

    2.1 独立董事监督职能的表现 ·· 34

    2.2 独立董事监督行为中的合谋问题 ································ 35

    2.3 本章小结 ·· 40

第3章 独立董事监督的博弈分析 ······································· 41

    3.1 独立董事监督内部董事的博弈分析 ···························· 41

    3.2 独立董事之间相互监督的博弈分析 ···························· 51

    3.3 本章小结 ·· 54

第4章 独立董事激励机制设计 ··· 55

    4.1 独董监督内董与对独董激励的关系 ···························· 55

i

  4.2 委托－代理关系下激励机制的分析 ·················· 57
  4.3 独立董事激励机制设计与分析 ······················ 65
  4.4 加入监控机制的独董激励框架扩展 ·················· 76
  4.5 基于处罚机制投资者与独董激励博弈 ················ 82
  4.6 本章小结 ·· 89

第 5 章 案例研究 ·· 91
  5.1 以我国瑞尔股份为例分析合谋寻租 ·················· 91
  5.2 激励与监督博弈 ·································· 104
  5.3 本章小结 ·· 113

结论 ·· 114

附录 主要符号表 ·· 116
参考文献 ·· 120
致谢 ·· 130

第1章 绪 论

1.1 研究背景及问题提出

2001年12月2日,美国能源业巨头、美国500强排名第七的安然公司(Enron)根据美国《破产法》正式向美国纽约破产法院申请破产保护[1]。安然公司在2001年9月30日的资产负债表上显示的总资产达618亿美元,这使它成为美国有史以来最大规模的公司破产案[2]。

无独有偶,2002年7月21日,世界通讯公司(Worldcom)——美国第二大长途电话公司倒闭,并以1083亿美元资产夺占了第一破产案的头衔。

安然、世界通讯公司的崩溃,暴露了美国公司监督机制中存在的缺陷,使得公司治理问题再次成为人们关注的焦点。

现代公司制企业的一个重要特征就是企业所有权和控制权的分离。正是这种分离给企业带来了代理问题[3]。由于代理问题的存在使得公司治理成为企业的现实需要。

公司治理分为内部治理和外部治理。内部治理即所谓的公司治理结构,是指股东及其他参与者利用公司内部的机构和程序参与公司治理的一系列法律、制度安排。它由股东大会、董事会、监事会、经理层几大机构之间的权力、责任及制衡关系组成[4,5]。

外部对公司的治理主要来自市场。这些市场包括产品市场、资本市场、经理市场、劳动力市场[6,7]。

然而,正像安然公司和世通公司的倒闭所彰显的,无论是公司的内部治理还是外部治理都存在着明显的缺陷。

公司内部治理的第一个缺陷,是在股权极为分散的条件下,名义上作为企业所有者的股东,在自利动机的支配下,以及由于小股东人微言轻、能力的局限性、"搭便车"等心理,主动或被动地放弃属于自己的那部分控制权即投票权,从而使企业的控制权逐渐转移至代理人手中,而对代理人的决策行为,股东丧失了监督和约束能力,只能被动地接受,或用退出契约的行为表示不满。这种格局一旦形成,代理人的机会主义行为既不可避免,又无法约束。

公司内部治理的第二个缺陷,是它不能有效抑制少数大股东操纵企业,滥用有限责任的行为。

公司外部治理的主要缺陷在于信号的滞后性,即外部市场向契约参与者发出的信号,是对机会主义行为的事后反映,众多契约参与人的利益已经遭受损失。外部治理或监督本质上是一种被动的治理机制[8]。另外,外部治理机制对抑制大股东的有限责任滥用几乎不起作用。

为解决公司内部治理和外部治理存在的缺陷,包括中国在内的世界上许多国家所采取的办法是:建立独立董事制度,在董事会中设置专门起监督作用的独立董事。

然而,设立独立董事制度的上市公司,也仍然没有解决诸多问题,存在的问题仍然非常突出。

我国上市公司存在的问题主要表现在:

第一,上市公司国有资产大量流失,会计信息严重失真,侵害中小投资者权益的问题极为严重。先后出现了琼民源、东方锅炉、大庆联谊、ST郑百文、ST猴王、银广夏、康美药业等严重虚假、欺诈问题[9-12]。

第二,信息披露不实,有的上市公司高估资产,虚报盈利,有意披露不真实信息，甚至发布一些误导投资者的信息，从而大赚一把。如近几年出现的恒大问题。

第三，少数公司受大股东控制，严重损害其他投资者利益。有些上市公司与控股股东之间的人、财、物不分，使上市公司成为大股东或集团公司的"提款机"，严重掏空上市公司。

产生诸多问题的原因主要是上市公司内部的监督不力和监督缺位。独立董事制度并没有像人们所期望的那样发挥应有的作用。独立董事的监督机制究竟存在什么问题？怎样解决？如何促使独立董事发挥监督作用？这些问题是目前迫切需要解决的问题。

本书的研究内容就是基于上述公司治理以及独立董事监督过程中存在的问题而提出。

本书拟从微观机制的角度探讨独立董事的监督行为及其激励机制。因为只有研究清楚了独立董事监督行为和激励机制的本质，才能给"失灵"的独立董事制度开出药方。

1.2 相关概念和研究范围界定

1.2.1 独立董事与内部董事的概念界定

为弄清独立董事与内部董事的概念，先讨论内部董事与外部董事、独立董事与非独立董事两对范畴。

1.2.1.1 内部董事与外部董事

这种分类所采用的标准是董事是否在公司内部从事专职董事工作。在独立董事制度的发源地美国，董事会一般是由内部董事和外部董事构成的。

内部董事是公司的正规雇员，一般是公司或公司的子公司以及关联公司的上层经理和高级管理人员，他们支配着董事会的决策。传统的高级管理人员主要有首席执行官、首席财务官、总裁、副总裁、秘书以及总会计师。他们通常是公司的代理人，由董事会选任，职责是执行董事会的政策指令，经营公司业务。许多高级管理人员同时又是董事会的成员。

但是，并非所有高级管理人员都是内部董事，其中有些并没董事资格，只是公司的雇员而已。不过，在上市公司中，一些全职的高级管理人员通常都是董事会成员，他们基本上都是内部董事。

外部董事是美国的独创。他是公开公司从外面聘来的非全职董事（非全日制董事），但他不一定是兼职董事。设置外部董事，主要有两个作用：一是当全职执行董事执行管理职责时，为其提供支持和协助，包括提供专门的建议和培养与其他组织的关系；二是监督执行高级管理人员的决策。包括检查管理层的表现以确保负责人以股东的利益和与经营一家公众持股公司所需遵守的法律责任、管理要求和道义经营公司。当公司表现明显低于通常标准时，外部董事可能会试图撤换关键的高级管理人员。

外部董事分为两种：一种是"独立的外部董事"，另一种是"非独立的外部董事"。所谓"独立的外部董事"，是指从公司外面聘来的、与公司股东和管理层没有任何人事上的情面关系（如亲友关系等）和经济上的利害关系的非全职董事。由于他在人际关系或经济关系两方面都是完全超脱和独立的，所以，就是人们常说的"独立董事"；所谓"非独立的外部董事"，则是指这类外部董事是公司大股东、高级职员的亲朋好友等熟人，或者与他们在经济上存在千丝万缕的联系[13,14]。这就决定了这类董事不大可能具备个人感情上的超脱性和经济利益上的独立性。他们与大股东和高级职员之间难以在情感和利益上"一刀两断"、界限分明。恰恰相反，这个界线往往模糊不清、若明若暗，缺乏透明度。因此，这类董事也被形象地称为"灰色董事"。可见，外部董事是由独立董事（独立的外部董事）和灰色董事（非独立的外部董事）构成的。

显然，独立董事不是内部董事，因内部董事不可能独立。同时，独立董事也不等同于外部董事，它只是外部董事的一种——"独立的外部董事"。

"灰色董事"由于是"非独立的外部董事",故应被排除在独立董事之外。换句话说,独立董事与内部董事不相交,但与外部董事部分重合。它的外延比外部董事小,外部董事包含了独立董事。

1.2.1.2 独立董事与非独立董事

如果以董事是否能对公司事务作出独立的判断为标准,则又有独立董事与非独立董事之分。"非独立董事"可以分为三种:第一,内部董事,即所谓的股东董事和雇员董事;第二,灰色董事,即内部董事的家眷亲属、公司律师、公司咨询顾问、公司投资商和银行家等;第三,连锁董事,这是指外部董事就职的公司中的首席执行官(CEO)同时服务于外部董事自身的公司,亦即甲、乙双方相互在对方所属的公司中担任外部董事。其实,连锁董事也属灰色董事的范畴,只因连锁董事不同于一般的灰色董事,故单独列出。这三种董事有一个共同的特点,即他们在个人利益等方面总是因有某种牵连的因素而不能自由公正地对公司事务作出自己独立的判断。例如,股东董事具有股东和董事双重身份,依所持股份、公司效益和工作业绩取得股利和领取董事报酬。雇员董事在利益上也同样不具有独立性,因他的董事酬金是与他的工作成绩成正相关的、并受与他朝夕相处的管理层成员控制的。至于灰色董事和连锁董事,因其与内部董事有利害关系,容易相互关照,这种非独立性必然会影响他们行权的公正性。

与非独立董事不同,独立董事是指那些独立于管理层、与公司没有任何可能严重影响其作出独立判断之交易或关系等情形的外部董事。他们并不是公司的成员,而是公司的外部人士。担任独立董事之后,他们平常大部分时间不在公司里上班,通常只是在召开董事会或从事调查时才到公司里露面,其他时间除在家阅读公司文件外,主要从事自己受聘前的本职工作。因此,他们从事独立董事工作在很大程度上带有兼职的性质,这使人误以为独立董事就是兼职董事,可事实并非这么简单。

由于独立董事与公司管理层没有个人的和经济利益上的联系,所以,他们和非独立董事相比,能够较为独立地作出决策上的判断和公正地监督管理层。在美国，独立董事主要由其他不存在关联方关系公司的首席执行官、总经理、总裁或董事长等企业家担任。此外，供职于大学或行业管理协会的教授、学者与专家等也可充当独立董事[15]。

1.2.1.3　独立董事与内部董事的定义

通过上面的分析比较，并参照国家有关规定，对独立董事和内部董事的概念作如下界定：

定义1.1：上市公司独立董事是指不在公司担任除董事以外的其他职务，并与其所受聘的上市公司及其主要股东不存在可能妨碍其进行独立客观判断的关系的董事，简称独董[16]。

独立董事具有独立性、专家性、兼职性等特点。

定义1.2：本书所称的内部董事是指正式受雇于上市公司、在上市公司中担任高级管理职务、负责经营管理、并在董事会中担任董事职务的董事会成员，简称内董。

上市公司、证监会都不是本书论述的对象。上市公司是法律上虚拟的法人，公司本身做任何事情都需要借自然人之手。证监会作为证券监管机构，从事相应的行政监管职能。无论是证监会、上市公司还是独立董事，它们都有自己的利益。证监会不希望上市公司有太多的问题，少给证监会找麻烦；上市公司追求自己的利益，大多数情况下不分红、不付股息；独立董事"独立得连会都懒得参加"。因此，本书不是站在证监会、上市公司、独立董事的立场上，而是站在一种第三方的立场上，论述独立董事的监督行为及其激励机制（如何激励独立董事对内部董事进行监督）。

本书在涉及证监会、上市公司、独立董事时，都是从第三方的角度，论述为促使独立董事正常发挥监督作用，证监会、上市公司、独立董事应该如何采取行动。例如：从第三方角度看，证监会应该完善监管法律法规，上市公司应该建立相应的激励制度，独立董事应该发挥监督作用。但是，本书中心议题只有一个，那就是：独立董事在对内部董事的监督行为中存在什么问题？如何激励独立董事发挥监督作用？

1.2.2 独立董事的人性假设分析

学界普遍认为，独立性是独立董事最重要的特征，并在独立性上大做文章。其实，无论独立董事怎样独立，都难以摆脱现实世界的左右。独立董事不可能生活在真空里。本书将独立董事的独立性上升为一种人性假定，并通过分析，论述独立董事究竟是"独立人""经济人"还是"道德人""社会人"。

定义1.3：独立人是指此人具有独立的个人财产和经济利益、独立的业务、独立的人格、独立的法律地位、独立的运作机制、独立的意思表示以及独立的判断。

究竟存不存在本书所定义的"独立人"？

目前，理论界相当流行的观点是：独立董事应该是"独立人"，即独立董事应该具有独立的财产、独立的观点等。这种观点的言外之意是：独立董事在面对内部董事时，应该"水火不侵"。独立董事真的具有这种本领吗？

我们知道："经济人"假设是整个经济学分析的前提和基础。亚当·斯密首先提出了经济人假说，他认为：首先，追求自身利益是"经济人"从事一切经济活动的根本出发点，是人们经济行为的根本动机；其次，人最根本的特征就是追求经济利益最大化，人与人的关系本质上是利益关系；最后，社会秩序与公共利益是个人追求利益最大化的自然结果。经济人按照利益最大化的原则行事，最终也能实现整个社会的利益最大化。市场会将追求私利的经济人引导到能为公共利益作出最大贡献的途径上去。最终会使资源实现最优配置，从而实现整个社会的福利最大化。

现代经济学家对具有完全理性的经济人假定进行了修正，认为由于环境的不确定性、信息的不完全性、人的认识能力的有限性导致经济人只具有有限理性，而且具有有限理性的经济人在谋求自身利益的过程中表现出追求收益内在、成本外化地逃避经济责任的机会主义倾向，在追求私利的时候，损害了他人和社会的利益。

企业是利益相关者合作关系的一系列契约的集合。各利益相关者合作的基点是利益。经济人假设贯穿于从缔约到合作生产到分配整个流程。

因此，对独立董事的人性假设，必须与其他契约参与者的人性假设相统一，也就是说，必须将独立董事也看作经济人，承认其也有利益回报的要求，对独立董事的约束条件不能悖逆于经济关系中普遍的人性利己假设[8]。

有学者认为，将独立董事的人性假设定为"经济人"是否合适值得商榷。

独立董事的人性假设或隐或现地出现"社会人""道德人"的影子。但是，在上市公司中担任独立董事又存在着相当大的风险，如果没有一定的利益恐怕很少有人愿意担当独立董事。而且，在目前各种人性假定中，"经济人"假定是最基本的、也是适用面最广的假定。随着时间的推移，将来的独立董事的人性假定有可能发展为"社会人"或"道德人"，但在目前尚不具备声誉激励、证券市场发育不完善以及市场经济处于初级阶段情况下，绝大多数独立董事仍难以跳出"经济人"的范畴。

1.2.3　独立董事监督和监督行为含义界定

独立董事制度对公司治理结构的完善起着重要的推动作用。独立董事首先是董事，应该首先具有董事的权利、义务。但独立董事又不是一般的董事，他与公司没有利害关系。一般来讲，采用独立董事制度的国家，首先将独立董事的职能定位在监督职能和对中小股东以及社会公共利益的维护上。

独立董事的监督职能产生在没有设立监事会的英美法系国家，它对公司内部董事、经理和公司相关事宜的监督，弥补公司治理中监督机构缺乏的缺陷，而且对其他职能的发挥也起到很好的作用。

在我国，上市公司的主要问题是控股股东及其派入上市公司的内部董事、经营管理人员的违规违法行为，如果独立董事能够对这部分人实行有效的监督制约，使控股股东在上市公司中的利益只能通过上市公司的价值提升和利润分配来实现，就可以使控股股东与公司利益和其他股东的利益一致起来，因此，我国独立董事的功能集中定位于对控股股东及其派入上市公司的内部董事、经营管理人员以及与公司的关联交易的监督上。

定义1.4：独立董事的监督（在字面上）是指独立董事针对内部董事的行为、决策或者经营结果所进行的客观而及时的审核、监察与督导。

定义1.5：独立董事的监督行为是指按照法律、法规和公司章程的规定，独立董事对上市公司中内部董事的重大关联交易、重大决策、重大事项，发表独立意见、作出独立判断、履行自身职责的决定和措施。简言之，独立董事的监督行为是指独立董事对内部董事的监督过程和监督表现，包括监督作为和监督不作为。

通过独立董事对内部董事的监督，可以减少所有者与内部董事之间的信息不对称程度，使内部董事不得不减少偏离所有者目标的行动。

本书研究董事会内部的治理问题。独立董事在上市公司董事会中主要起监督作用。"监督"指的是独立董事对内部董事的监督，不是指对上市公司的监督，也不是指对独立董事的监督。本书研究独立董事监督过程中存在的问题——合谋，不仅如此，还要探讨解决问题的方式——激励。对独立董事的激励是为了促使独立董事对内部董事进行监督，是为了解决独立董事的监督问题。"监督"与"激励"是一个问题的两个方面，"对内部董事进行监督"是目的，"激励独立董事"是手段。独立董事在上市公司董事会中的监督实际上是一种负有法律责任的行为，即使独立董事不做任何表示，这种不作为也是一种行为，本书探讨监督行为中存在的问题及其解决办法。当然，独立董事作为代理人也需要监督，但是，对独立董事的监督不是本书讨论的重点，虽然可能涉及对独立董事的监督。

由于独立董事制度建立时间不长，对于独立董事的监督问题，容易产生歧义。一种称谓是"独立董事监督行为"，意思是"独立董事在对内部董事的监督行为中存在的问题"。另一种称谓是"独立董事行为监督"，意思是"独立董事在对内部董事的行为进行监督中存在的问题"。其实，上述两句话的含义是一样的。约定俗成。无论怎么称呼，定义1.5都不变。所以，在本书的论述范围内，"独立董事监督行为"等同于"独立董事行为监督"。本书称之为"独立董事监督行为"。

在通常情况下，在目前的制度及其法律规定下，董事（包括独立董事）是董事会的董事，不是其他别的什么机构的董事。退一步讲，即使是要对独立董事进行监督，那也是上市公司所有者——股东的事，只有股东有权对独立董事进行监督，其他人没有这个权利。这就如同在没有设立独立董事时，其他人没有权力监督内部董事一样。而中小股东监督还是不监督根本就不会起作用，因此，中小股东根本就不会去监督，而是"用脚投票"，流动性很大。因此，本书不涉及其他主体对独立董事的监督问题。目前也谈不上其他主体对独立董事进行监督，除非再设立一个别的什么董事去监督独立董事。但是，在目前，这是不可能的。总之，现在世界各国的公司治理理论（或者公司法规定）都是这样的理论：董事（包括独立董事）是董事会的董事，不是其他别的什么机构的董事。当然，如果董事（包括独立董事）触犯法律，那就是法律问题了，不再是一般意义上的监督。

1.2.4 本书研究题目释义及研究范围界定

本书研究独立董事在监督内部董事的行为中存在的问题，以及相应的解决办法——运用激励机制、激励独立董事去监督内部董事。因此，题目定为"独立董事监督及激励机制研究"。

"监督"与"激励"的含义既相关又不同。

如图1-1所示，"监督"与"激励"确实有一致的地方。例如，班组长对员工既要监督又要激励；车间主任对班组长既要监督又要激励；厂长对车间主任既要监督又要激励；等等。在这里，一致的地方是，监督主体和激励主体都是同一个主体。但是，监督与激励仍然不是一回事。例如，车间主任可能在现场亲自监督，也可能用监控器监控进行事后回放，还可能雇另外一个人进行监督，也可能根本不进行监督而只看结果（产出）怎样。激励则不一样，激励可能是按件计酬、年底分红，或者利润分成，也可能是评先进、立功受奖。在有的年代里，根本不进行监督，只是激励，如得奖状、戴大红花。在这里，简单地说，监督是监督主体对监督客体

（被监督者）的检查（督察）；激励则是激励主体对激励客体的刺激。检查和刺激不是一回事，监督和激励同样不是一回事。可能只监督不激励，也可能不监督却激励，还可能既监督又激励。总之，监督强调过程，激励注重结果。

```
   企业中某一层级          监督主体与激励主体同一
  监督 ↓ 激励
    下属层级
```

图 1-1　监督主体与激励主体同一情况下监督与激励呈平行关系

通常情况下，监督主体和激励主体是同一的。如上面所述企业中某一层级对其下属层级的监督和激励。还有一种情况，就是监督主体与激励主体并不同一。如图1-2所示。本书就是这样。独立董事在对内部董事的监督过程中到底有没有问题？是什么问题？怎样解决这一问题？在这里，研究独立董事对内部董事的监督问题时，独立董事是监督主体；在研究怎样解决问题时，独立董事作为被激励者，是激励中的激励客体。而激励主体可能是股东，或者其他投资者，可能是独立董事协会，也可能是监管机构，还可能是其他什么机构。本书研究独立董事监督内部董事过程中存在的问题以及相应的解决措施——激励机制。在对激励机制的阐述中，本书只研究应该怎样激励独立董事去监督内部董事（以下简称"激励监督"），至于对独立董事进行激励的主体是谁，不是本书研究的范围。换一句话说，无论是谁，都应该对独立董事进行激励。或者说，激励主体可以是任何机构或自然人，但激励办法就是本书中所阐述的那样。

因此，本书初步将监督与激励的关系划分为两种：一是监督主体与激励主体同一，如图1-1所示，本书将这种情况称之为监督与激励呈"平行"关系；二是监督主体与激励主体不同一，如图1-2所示，本书将这种情况称之为监督与激励呈"垂直"关系。本书的研究属于后一种。

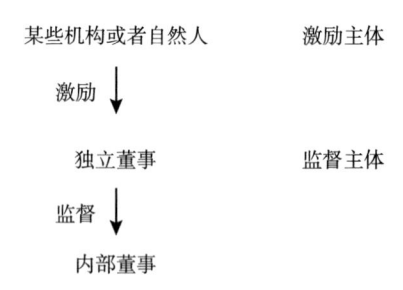

```
        某些机构或者自然人        激励主体
     激励 ↓

         独立董事              监督主体
     监督 ↓

         内部董事
```

图 1-2　监督主体与激励主体不同一情况下监督与激励呈垂直关系

本书中有的地方提到投资者，实际上是泛指，因为投资者的利益与独立董事是否能够进行有效监督直接相关，因此，投资者是利益相关者中主要的代表。传统上公司法理论认为，只有股东才是企业的所有者。而初步发展起来的利益相关者理论认为，不仅股东是企业的所有者，贷款银行，甚至人力资本支出者的企业员工同样是企业的所有者。本书不对股东和投资者等作详细的讨论和明确的划分，这对本书的研究结论没有影响。

还有一个问题，就是，中小股东难以发挥作用，股东大会难以发挥作用。用学界的话讲，就是，上市公司已经由"股东大会中心主义"转到"董事会中心主义"。目前中小股东及股东大会确实难以发挥应有的作用，许多研究者都一再提到"要正视这个现实""正视'股东大会中心主义'转到'董事会中心主义'"。其实，之所以要设立独立董事制度，就是因为中小股东及股东大会没有发挥应有的作用。如果中小股东起作用，能够监督独立董事，那么就没有必要设立独立董事制度了，直接让股东去监督内部董事就行了，设立独立董事制度多一层代理人、多一层信息不对称、多付出一部分代理成本。就如同股东监督不了内部董事一样，股东也监督不了独立董事。世界上各个国家研究机构、各个国家证券市场监督机构、各个国家立法机关都没有找出合适的办法对独立董事进行监督。因此说，目前，对独立董事的监督还没有找到有效的办法，或者说，对独立董事进行监督非常困难。

独立董事对内部董事的监督，是法律和行政法规所规定的。对独立董事的激励是促使独立董事发挥监督作用的重要措施。存在一个施动（激励）和受动、受动者再去行动（监督）的问题，可以称之为"激励监督"（激励某人去监督他人）。这与企业中的经营者激励并监督下属的情况有所不同。

综上所述，本书不研究怎样对独立董事进行监督，当然也不涉及监督独立董事的监督主体，虽然在论述对独立董事进行激励部分涉及对独立董事的监控和处罚。对独立董事的监控和处罚，是在上市公司的问题暴露之后进行的负向激励，通常情况下，很难做到对独立董事进行监督。本书只研究独立董事在对内部董事的监督行为中存在什么问题，并针对存在的问题，探讨怎样激励独立董事去监督内部董事。

1.3 国内外相关研究综述

1.3.1 国内外监督理论研究现状及评述

独立董事的监督作用目前还没有发展成为一种理论，对监督理论现状的回顾只能看其他领域中有关监督理论的发展。

1.3.1.1 国内外监督理论研究现状

监督理论分析尚处于起步阶段，国内外的研究主要是监督模式、监督实务研究。

秦宛顺等（1999）使用成本 - 收益分析方法，运用微观经济分析手段，对监督进行了纯理论分析[17]。

林海和郑振龙（2000）利用契约经济的概念和方法，对监督进行契约分析，从理论上探讨了监督的必要性和监督的最适度[18]。

郑超愚等（2000）构造了一般性监督理论模型，该模型在不确定条件下同时涵盖外部性、不对称信息以及经济机构与监督目标不一致等因素，对监督机制实证分析的理论框架进行了初步分析[19]。

科斯（Coase，1992）认为，经济的外部性无法通过市场机制的自由交换得以消除[20]。因此，要限制经济体系的负外部性，就需要引入一种市场以外的力量。凯依和威格士（Key and Vickers，1990）认为，市场经济之所以不能像古典和新古典经济学所描述的那样完美运转，其重要原因之一就是存在着不确定性、存在着信息不对称和信息不完备。然而，搜集和处理信息所需的高昂成本一般的机构往往承受不起，因此，政府当局就有责任采取必要的措施减少经济体系中的信息不对称和信息不完备[21]。监督作为缓解由于外部性和信息不对称所导致的市场失败和失灵的手段，旨在保护公众利益。

古德哈特（Goodhart，1995）认为，最初被监督者可能反对监督，但是，当被监督者变得对监督程序极其熟悉时，他们就会尝试影响监督者以便通过制定有利于他们自己的相关规定从而给他们自己带来更高的收益。被监督者通过各种活动以便达到利用监督者的目的。既然被监督者可以通过疏通的办法来利用监督，那么监督者或者监督机构最终就没有存在的必要[22]。这种观点用利益集团对政府决策的影响来解释监督过程，但是，它只强调被监督者对监督的利用，而忽略了监督服务于社会公众的特征，也没有阐明为什么需要政府监督的原因。因此，该观点要求政府放弃监督。

斯蒂格勒（Stigler，1971）认为，监督也是一种商品，并认为监督也存在着供给和需求。哪里存在着对监督的需求和供给，哪里就出现监督。监督是那些想获得额外收益的利益集团所需要的[23]。

威科特（Victor，1976）从社会契约论的角度分析，认为：政府监督是为了保护消费者利益而与生产者签订长期契约，并负责监督契约的执行情况，监督生产者的行为[24]。

许成钢（2001）认为，社会契约的不完全，产生于社会中法律的不完备，因此，需要政府监督从而纠正社会契约的不完全问题[25]。

凯恩（Kane，1981）认为：现有的监督理论由于没有考虑到监督者与被监督者之间关系的不断变化，这种静态分析难以完全解释和预测监督问题。Kane借鉴黑格尔的辩证法，提出了经济监督辩证论。该理论对监督过程进行了动态分析，认为监督的需求是由利益集团自己提出的，需求的产生促使政府供给监督[26]。

凯恩、凯依和威格士（Kane，Key and Vicker，1983）认为，目标、环境等因素发生任何变化将导致重新的最优化过程，因此，经济机构的行为会适时作出调整，监督机构则根据经济机构的调整不断地作出反应，形成监督、逃避、监督改革这样辩证的监督过程，改变了的监督状况迫使经济机构再次作出逃避监督的反应，监督机构则再进行监督改革，实行新的监督，这种循环的过程称为逃避和再监督过程[27]。

由于监督的产生过程总是滞后于逃避监督的行为，因此，监督的供给缺乏效率或是不足。凯恩（Kane，1990）提出了监督者竞争理论[28]。

1.3.1.2 国内外监督理论研究状况评述

综上所述，科斯（Coase）的观点强调了监督的重要经济原因，强调对市场机制、经济体系进行监督，以防止市场失灵。但该学说不适用于组织内部的监督。古德哈特（Goodhart）的观点针对的主要是政府与产业之间的监督与被监督，强调监督具有让被监督者所利用的可能性，强调监督代价，主张放弃监督，忽略了监督为社会公众服务的事实。这种观点同样不适用于组织内部的监督与被监督，即使在产业政策或行业监督方面，该观点所持的放弃监督的主张也是不合时宜的。上述两种理论都没有解释监督需要和监督行为的转换机制。斯蒂格勒（Stigler）的学说比上述两种观点更为准确。但是，他的理论没有考虑被监督者在监督中的反应和作用，也缺乏监督者与被监督者之间相互作用的描述及理论分析。威科特（Victor）的理论针对的是政府对生产者的监督，但忽略了利益集团对政府决策的作用和影响。凯恩（Kane）的监督辩证理论虽然从动态的角度阐明了监督过程中监督与被监督者之间的辩证关系，也很好地解释了监督与逃避监督交替的动态过程，但没有能够全面解释和预测监督的效应，并且，那种首先由被监督者要求监督、再由监督需求产生监督供给的假设能否成立，仍存在较大的争论。监督辩证理论针对的是经济机构之间的监督与被监督，不适用于组织中的监督。监督辩证理论倾向于哲学上的辩证阐述，缺乏精密的数理分析。而且，监督与被监督的辩证性停留在哲学层次上，对现实中的监督者与被监督者的微观表现缺乏有说服力的分析。

上述这些理论都是根据经验提出来的，没有一套较为严密的逻辑体系，没有运用精密的分析工具，更缺乏基本的经济学分析。

另外，目前国内外对监督理论的研究，主要集中在产业控制、经济控制、市场监督、社会控制上面，而对一个组织、对一个群体中一部分人对另一部分人的监督，缺乏理论研究。对产业、经济、社会的监督研究，是将被监督物或被监督者在一段时间内当作静止状态处理，没有考虑到被监督者本身也是能动的。实际上，被监督者在被监督过程中是在动态地发生变化的，并不是被动的、静止不变的，甚至被监督者还有可能对监督者发生作用。事实上，监督者与被监督者之间往往产生相互影响，经常发生互动作用。而上述理论缺乏这些方面的探索，因而，都不适用于对组织内部的监督进行分析。

本书拟将博弈论引入组织监督之中，探索出一种互动的"博弈的监督理论"。

1.3.2　国内外独董监督作用研究现状及评述

虽然独立董事的监督作用没有发展成为一种理论，但是，国内外学界以及实业界对独立董事的作用还是做了一定的研究。独立董事在上市公司中的作用是：监督作用、制衡作用、战略咨询和决策参谋作用等。其中，监督作用是独立董事最基本、最核心的职能。独立董事参与董事会的决策过程，进行事前和事中监督，监督内部董事。

1.3.2.1　国内外独立董事监督作用研究现状

法玛和杰森（Fama and Jesen，1997）认为：独立董事的主要功能是解决两权分离下现代企业所面临的代理问题。国家法规和公司章程赋予独立董事对经理层的监督权，减少经理人和股东之间的利益冲突，维护公司整体利益和包括中小股东在内的全体股东的合法权益[29]。

在英美法系国家,其公司治理是一元治理结构,不设监事会,只设董事会,监督权由董事会内部下设的专业委员会来行使,因此,董事会的监督职能是董事会最重要的职能。布莱恩·R. 柴芬斯在《公司法:理论、结构和运作》中认为,董事会作为"检查人",要求董事能够客观、公正地评价管理层的表现。内部董事由于兼任管理职务,自己评价自己是不符合要求的。而独立董事由于不在公司内部任职,对管理层的评价可能更加客观[30]。独立董事在监督方面起着关键的作用。

在大陆法系国家,公司治理是二元制结构,既设董事会,又设监事会,监督权由监事会履行,因此,通常没有董事会内部监督职能的规定。《日本商法典》、我国 2006 年以前的《中华人民共和国公司法》,对董事会权力的规定都没有设立监督权。但是,在目前的实践中,监事会通常不起作用,因此,在董事会内部设立独立董事并且赋予其监督职能,已是大势所趋[31]。中国证监会《关于在上市公司建立独立董事制度的指导意见》和《上市公司治理准则》中,规定了独立董事的监督权:一是重大关联交易应由独立董事认可;二是向董事会提议聘用或解聘会计师事务所;三是向董事会提请召开临时股东大会;四是提议召开董事会;五是独立聘请外部审计机构和咨询机构;六是可以在股东大会召开前公开向股东征集投票权;七是对上市公司重大事项发表独立意见等。中国引进独立董事制度的目的也是发挥独立董事的监督作用[16,32]。

除监督作用外,独立董事还起到其他几种作用。在内部董事与公司发生利益冲突时、内部人控制失控及大股东操纵上市公司时,独立董事要起到制衡作用,帮助董事会平衡各个利益相关者的利益,增加所有股东的价值[33-35]。由于我国上市公司股权结构高度集中,董事会一般受控股人股东所左右,难以对代表大股东的内部董事进行有效制约,独立董事的引入有利于在一定程度上制衡内部董事[36,37]。

休斯顿和李维斯(Houston and Lewis, 1992)认为,独立董事在董事会决策过程中,能够就公司的发展战略、运作、管理、资源配置等重大战略性问题作出独立的判断,独立董事能够起到战略咨询与决策参谋作用[38,39]。

伯克利（Brickly，1999）认为：独立董事具有的丰富的商业管理经验，能够帮助管理层解决经营上面临的棘手问题，还可以帮助企业构建重要的商业战略[40]。

安耐普（Anup，1998）认为，当企业的经营和发展受政治因素影响较大、企业的出口受到政府贸易政策的影响、企业为取得有利的经营政策需要向政府游说时，企业就需要有政府背景的独立董事担当政治角色[41]。当企业面临垄断问题或者环境污染问题时，企业就需要有律师背景的独立董事以获得法律支持。

在英美国家，独立董事一般是在其他公司任职的企业家、社会贤达以及能够提供独立、客观观点的专业人士[14,42]。《卡德伯里报告》（Cadbury Report）认为，独立董事主要起两方面作用：监督内部董事和经理层，利益相关者存在矛盾时起制衡作用。独立董事应当对公司战略和经营做出独立判断[43]。《哈姆佩尔报告》（Hampel Report）认为：独立董事具有监督和战略功能。独立董事需要不同领域的知识[44]。

英国爱马仕（Hermes）投资基金管理公司在《公司治理声明》中认为，独立董事的职责是：第一，治理功能，监督内部董事；第二，战略功能，对战略决策独立判断；第三，弥补公司缺乏的商业经验。43%的机构股东认为，独立董事应当充当"警察"，而只有12%的公司认为独立董事起到了"警察"的作用，45%的公司认为独立董事实际上起了"支持者"的作用[45]。

美国加州公职人员退休基金在《公司治理核心原则和指引》第四条中要求，董事会中的审计、提名、报酬、评估和治理、守法和道德等各个专业委员会应当全部由独立董事组成，由独立董事履行全部职能[46]。

国内学者认为独立董事在上市公司中主要起以下作用：第一，监督、制衡。独立董事监督经理层，对控股股东起制衡作用[47,48]。第二，促进董事会科学决策，弥补董事会成员专业知识结构不平衡的缺陷，提高公司价值[49-51]。

在上述各种职能中，监督功能是独立董事最基本、最核心的职能。

1.3.2.2 独董监督行为研究中存在的问题及评述

理论界都认为独立董事的一项重要职能是监督,也都迫切希望独立董事充分发挥监督职能,但独立董事监督行为中究竟存在什么问题,理论界研究得很少。独立董事会不会与内部董事合谋,没有看到这方面的论述。目前的分析都属于静态分析,同时暗含假定独立董事与内部董事之间不存在合谋行为。然而在实际中,独立董事与内部董事之间是存在合谋行为的,并且他们间的关系属于动态关系。如何描述并防范独立董事与内部董事之间的合谋行为,是理论上和实践中都需要解决的问题。

1.3.3 激励理论研究现状及评述

激励理论的发展相对比较成熟,尽管如此,用成熟的激励理论研究独立董事制度的文献仍然少见。

激励理论是企业理论的重要组成部分,是经济理论的前沿,是一个永恒的主题。对激励理论的研究主要是两个方面:一是管理学关于激励理论的研究;二是经济学关于激励理论的研究。

1.3.3.1 管理学激励理论研究现状及评述

管理学最先意识到激励的重要性,并产生了多种理论。

(1) 管理学激励理论研究现状。

自从19世纪美国古典管理学家泰勒(Frederick W. Taylor)创立管理科学以来,激励问题就是管理学研究的主要课题。泰勒提出要"精确地研究影响人们的动机",实行"差别计件工资制""胡萝卜加大棒"的激励措施。甘特(Gantt)提出通过金钱刺激进行激励的方法。巴纳德(Barnard)系统地阐述了管理学中的激励理论。巴纳德认为,在所有类型的组织中,为成员提供恰当的激励成为压倒一切的任务,而管理工作的失效往往就出现在这一点上。巴纳德提出:通过目标激励的方式或改变成员思想状况等形式确保成员努力工作，强调用激励手段解决道德风险问题和激励契约的不完全性所带来的问题[52]。

在巴纳德之后，管理学的激励约束理论经历了由单一的金钱刺激到满足多种需要、由激励条件泛化到激励因素明晰、由激励基础研究到激励过程探索的历史演变过程。20世纪以来，管理学家、心理学家和社会学家就从不同的角度研究了怎样激励人的问题，并提出了相应的激励约束理论。这些激励约束理论侧重于对人的共性分析，服务于管理者调动生产者积极性的需要，以克服泰勒首创的科学主义管理在人的激励方面存在的严重不足[53]。

管理学激励理论一般以人的需要为出发点，假定人的一切有目的的行为都是基于追求某种需要，当人的某种需要得不到满足时，就会形成意图满足需要的动机，在适当条件下，动机就会导致某种行为，这就是激励产生的原因。

按照研究激励问题的侧重面的不同以及与行为的关系不同，管理学激励约束理论可归纳和划分为内容型激励理论、过程型激励理论、行为改造型激励理论以及综合激励模式。

①内容型激励理论。又称为多因素激励约束理论，它是以人的心理需求和动机为主要研究对象的激励内容理论，重点研究激励诱因和激励因素的具体内容。

最著名的代表理论是亚伯拉罕·马斯洛（Abraham Maslow）的需要层次理论（hierarchy of needs theory）。该理论假设每个人的需要有五个层次：生理需要（physiological needs）、安全需要（safety needs）、社交需要（social needs）、尊重需要（esteem needs）和自我实现需要（self-actualization needs）。个体的需要像阶梯一样从低向高逐层上升，当一个层次的需要得到满足后，就会转向另一个更高层次的需要。马斯洛的需要层次理论表明，针对人的需要实施相应激励是可能的。但激励人们努力的方式不应是单一的，当物质激励提供的激励效果下降时，就应增加精神激励的内容。要根据人的不同需要和不同的社会环境，设计相应的激励方案[54,55]。这一理论具有内在逻辑性，获得了普遍认可。但是，该理论缺乏实证支持。

奥尔德弗将马斯洛的需要层次理论概括成 ERG 理论,即生存(existence)、关系(relatedness)和成长(growth)理论[56]。

美国心理学家弗雷德里克·赫兹伯格(Frederick Herzberg)根据个人与工作的关系提出了"激励-保健双因素理论"(motivation-hygiene theory)。他将影响人们行为的因素分为保健因素和激励因素。他认为,就如同卫生保健不能直接提高健康水平、只能有预防作用那样,仅仅消除了工作中的不满意因素只能带来平和,不一定能产生激励作用。消除不满和抵触情绪、安抚员工的这些因素称为保健因素。要想真正激励人们努力工作,更应当注重激励因素对人的作用[57]。赫兹伯格的研究方法存在一定的局限性,可靠性也令人怀疑。然而,这一理论仍然广为人知,并且在实践中有具体的应用。

美国管理学家大卫·麦克利兰(David McClelland)等人提出了成就需要理论,又称为三种需要理论(three-needs theory)。该理论认为个体在工作情境中有三种主要的需要或动机:成就需要(need for achievement)、权力需要(need for power)和归属需要(need for affiliation)。高成就需要者追求的是个人的成就感而不是成功之后所带来的奖励,他们把成就看得比金钱更珍贵,成就需要是他们内心中的一种强烈的驱动力[54]。这种将高成就需要作为内部激励因素的观点,是以不回避中等程度的风险和关注绩效为前提的。成就需要理论适合用于对具有高目标值的企业家进行激励。一个组织的成功与失败,与该组织拥有多少高成就需求者有关。

②过程型激励理论。过程激励约束理论着重研究人的动机形成和行为目标的选择。过程激励理论包括斯达西·亚当斯的公平理论、弗鲁姆的期望理论以及波特和劳勒的综合激励理论等。

美国心理学家斯达西·亚当斯(Stacey Adams)提出了公平激励理论(equity theory)。亚当斯的公平理论强调工资报酬分配相对公平、合理的重要性,该理论认为不仅绝对收入影响员工的积极性,而且相对收入也影响员工的积极性。员工总是将自己的收入与付出的比率同其他相关人员的收入与付出的比率相比较,如果相同,员工就会感到公平,如果不同,员工就会产生不公平感。不公平感觉会促使员工产生紧张感,紧张情绪又会成为员工追求公平和平等的动机基础。因此，激励机制的设计不能违背公平原则，否则，将会导致激励效果的下降[53]。公平理论也存在一些问题，在一些关键问题上如何界定和衡量付出与所得等问题上并不十分清楚。但公平理论得到了大量研究的支持，颇具影响力。

解释激励问题最为全面的当属维克托·弗鲁姆（Victor Vroom）的期望理论（expectancy theory）。期望理论认为：人们只有在预期到某一行为有助于实现个人既定目标的情况下，才会被充分激励，进而采取行动以实现这一预期目标。期望理论强调个人目标及三种联系：个人努力与个人绩效之间的联系、个人绩效与组织奖赏之间的联系、组织奖赏与个人目标满足之间的联系。

美国心理学家、管理学家莱曼·波特（Lyman Porter）和爱德华·劳勒（Edward Lawler）在弗鲁姆的期望理论基础上，于20世纪60年代末建立了一个更为完善的综合激励理论。综合激励理论认为激励的程度和发挥出来的能力取决于多方面因素，包括人们所获得的报酬、报酬的价值，以及对该项工作的认识和评价[53]。

这些理论研究表明：根据人们的行为动机以及目标设置，将个人需要、期望与工作目标结合起来，能够充分调动和发挥生产者的主动性和创造性。

③行为改造型激励理论。这一理论被认为是激励目的理论，激励的目的是要改造和修正人们的行为方式，其主要代表是著名心理学家斯金纳（Skinner）提出的操作条件反射理论。斯金纳认为人的行为是对外部环境刺激所作的反应，只要创造和改变外部的操作条件，人的行为就会随之改变。这种理论的意义在于用改造环境的办法来保持和发挥那些积极的、令人愉快的结果的行为，减少或消除消极的、不愉快结果的行为。行为改造理论还包括挫折理论等[53]。

④综合激励模式理论。综合激励模式理论是由罗伯特·豪斯（Robert House）提出的，主要是将上述几类激励理论综合起来，把内外激励因素都考虑进去。内在的激励因素包括：对任务本身所提供的报酬；对任务能否完成的期望值以及对完成任务的效用。外在的激励因素包括：完成任务所带来的外在报酬的效用，如加薪、提级的可能性。综合激励模式表明，激励力量的

大小取决于诸多激励因素共同作用的状况[53,58]。

（2）管理学激励理论研究现状评述。

管理学激励理论存在着弱点。管理学激励理论是以对人的心理特征和以此为基础的行为特征为出发点。而人的心理需求难以加以观察、评估和衡量，属于内生变量；同时，心理特征必然因人、因时、因事而异，并处于动态变化之中，各种激励方法实施的可重复性差，由此而难以把握；另外，随着人们对于激励条件的适应性，任何激励因素都会变成保健因素，致使管理组织激励资源的稀缺性和激励因素（如工资、奖金）的刚性之间存在着严重的冲突，使得管理激励难以持久。

更为重要的是，管理学激励理论最突出的缺点在于，在量化分析上一直没有突破。

1.3.3.2　经济学激励理论研究现状及评述

经济学激励理论中最有代表性的就是委托-代理理论的发展。

（1）经济学激励理论研究现状。委托-代理理论是激励理论最为重要的进展之一。委托-代理理论最早的模型化方法是由威尔逊（Wilson，1969）、斯宾塞和泽克豪森（Spence and Zeckhauser，1971）、罗斯（Rose，1973）提出的状态空间模型化方法（state-space formulation）。这种方法虽然技术关系表述很直观，但得不到经济学上有信息量的解[59,60]。后来由莫里斯（Mirrlees，1979）提出使用了分布函数的参数化方法（parameterized distribution formulation）[61]，这种方法已成为一种标准化方法。

在对非对称信息情况下最优激励契约的研究中，莫里斯（1974）和霍姆斯特姆（1979）提出了所谓的"一阶条件方法"（first-order condition approach），得出了激励理论一般模型的最优解[62]。但是，一阶条件方法并不能保证最优解的唯一性。后来格鲁斯曼和哈特（Grossman and Hart，1983）及罗杰森（Rogerson，1985）导出了保证一阶条件方法有效性的条件，即证明了：如果分布函数满足单调似然率特征（MLRP）和凸性条件（CDFC），一阶条件方法是适用的[63,64]。这些成果为激励理论的发展和完善奠定了基础。

霍姆斯特姆和米尔格罗姆（Holmstrom and Milgrom，1987）利用委托－代理理论一般模型证明，如果委托人不能观测代理人的行动，为了诱使代理人选择委托人所希望的行动，委托人必须根据可观测的行动结果来奖惩代理人。这样的激励机制称为"显性激励机制"（explicit incentive mechanism），主要运用于短期契约[65]。张维迎认为："如果委托－代理关系不是一次性的而是多次性的，即使没有显性激励合同，'时间'本身可能会解决代理问题"，这样的激励机制就是"隐性激励机制"（implicit incentive mechanism）[66]。多期动态的委托－代理理论包括重复博弈模型、代理人市场－声誉模型和棘轮效应模型等。

伦德纳（Radner，1981）和罗宾斯泰英（Rubbinstein，1979）使用重复博弈模型证明，如果委托人和代理人之间保持长久的关系，双方都有足够的耐心（贴现因子足够大），那么，帕累托一阶最优风险分担和激励可以实现。委托人根据观测到的过去的相关变量来推断代理人的努力水平并设计契约，从而奖惩代理人，使得代理人不可能用偷懒的办法提高自己的福利[67]。莱瑟尔（Lazear，1979）证明，在长期的雇佣关系中，"工龄工资"制度可以遏制员工的偷懒行为，因为偷懒者被开除将损失工龄工资，增加了偷懒的成本[68]。

在动态的激励模型中另外两类著名的模型，一类是代理人市场－声誉效应（reputation effect）模型，另一类是棘轮效应（ratchet effect）模型。法玛（Fama，1980）认为，激励问题在委托－代理文献中被夸大了。在现实中，"时间"可以解决问题，他强调了代理人市场对代理人行为的约束。他认为，在竞争的经理市场上，经理的市场价值（从而收入）决定于其过去的经营业绩，从长期来看，经理必须对自己的行为负完全责任，所以，即使没有显性激励契约，经营者也有积极性努力工作，以改进自己在经营者市场的声誉，从而提高未来的收入[69]。霍姆斯特姆（Holmstrom，1982）模型化了法玛的上述思想[70]。迈耶和维克斯（Meyer and Vickers，1994）也提出了此类模型，证明了在动态博弈中，激励问题至少部分地可以通过"隐性激励机制"得到缓解[71]。

"棘轮效应"一词最初来自对苏联式计划经济制度的研究。在委托-代理人关系中,委托人试图根据代理人过去的业绩建立起评价标准,然而代理人越努力,好业绩出现的可能性越大,"标准"也就越高,当代理人预测到他的努力将提高"标准"时,他努力的积极性也就下降。这种标准随业绩上升的趋向被称为"棘轮效应"。可见,两种动态模型得出了截然不同的结论,因此他们适用于不同的现实情况。

相对业绩比较（performance comparisons）是激励机制设计常用的方法。在国外激励理论研究中,无论是静态激励模型还是动态激励模型,都讨论了考虑代理人相对业绩的情形,即委托人对代理人的激励契约设计不仅依据代理人自身的产出,还要考虑其他同类代理人的产出状况等,即充足统计量。"锦标制度"（rank-order tournament）是相对业绩比较的一种特殊形式。莱瑟尔和罗森（1981）证明,如果代理人的业绩是相关的,锦标制度是有价值的,因为它可以剔除更多的不确定因素,从而降低代理人的风险成本,又强化激励机制[66]。

（2）经济学激励理论研究现状评述。尽管委托-代理理论有很大的发展,但是,如果在委托人与代理人之间出现一个监督人时,如何研究和分析"委托-监督-代理"关系却是理论上和实践中都需要解决的问题。

目前,对激励机制的研究,主要集中在就激励论激励,没有考虑到在激励中加入其他手段,如:采取监控手段、运用监控机制后,激励机制会受到什么影响？没有考虑到,如果采取惩罚机制,会对激励机制产生什么影响？监控机制与激励机制、惩罚机制与激励机制之间究竟是什么关系？

本书试图对上述问题作出初步的回答。

1.3.3.3 独董激励机制研究中存在的问题及评述

国内外研究人员对独立董事的激励机制存在不少争议,表现在以下几个方面:

（1）独立董事的激励动因存在争议。

是否应该对独立董事进行激励,国内外学者存在较大的分歧。

第一种观点认为，独立董事不应该从上市公司领取任何报酬。该种观点认为，独立董事就应该是"绅士"，独立董事不应该从上市公司领取任何报酬，也不应该持有该上市公司的股份。领取报酬或者持有股份不符合独立董事的要求。而一旦独立董事领取了报酬，实际上就变成了企业的"雇员"，也就丧失了独立董事的独立性，很容易成为大股东侵害小股东的"帮凶"。独立董事应该是解决了自身生存方面问题的专家。独立董事追求的应是自我价值的实现[72-75]。独立董事应该通过贡献自己的才智，有效提升公司的业绩，从而使自己在社会中获得较高的社会地位和名望。这就是独立董事应该追求的利益。

第二种观点认为，独立董事可以从上市公司领取适当的津贴。除上述津贴外，独立董事不应从该上市公司及其主要股东或有利害关系的机构和人员处取得额外的、未予披露的其他利益。该种观点与中国证监会《关于在上市公司建立独立董事制度的指导意见》和《上市公司治理准则》的要求相一致[16,32]。

第三种观点认为，为使独立董事充分发挥作用，必须给予独立董事足够的激励。独立董事应该索取报酬，更应该持股。这种观点认为：独立董事也是人力资本的支出者，是企业家队伍中的一部分。人力资本的产权特征在于人力资本与其所有者不可分离，只有通过有效的激励才能促使其勤勉尽责、为企业多作贡献[76,77]。独立董事持有一定量的股份，独立董事本身成为小股东，更能代表中小股东的利益，更有利于强化独立董事的独立性。独立董事在自身利益的驱动下，能够积极主动地制止那些损害中小股东利益的行为，更能有效地维护中小股东的利益。独立董事本质上也是代理人，是企业的经营者而不是所有者，属于职业企业家队伍中的一个组成部分。为避免独立董事消极应付或沦为控股股东的附庸，只有对独立董事进行充足的激励[78,79]。

认为"独立董事不应该从上市公司领取任何报酬"的观点忽略了独立董事的本质。独立董事本质上仍然是经济人，作为人力资本所有者，独立董事取得一定的报酬是社会对他们的尊重和肯定。

认为"独立董事只能从上市公司领取适当的津贴"的观点仍然忽略了独立董事的本质。这种观点只是给予独立董事适当的津贴，仍然没有考虑独立董事作为经济人和人力资本所有者的性质，并且，"适当的津贴"是一个模糊的概念，实际中难以准确掌握。

认为"应该给予独立董事足够的激励"的观点缺乏对独立董事激励机制的详细论述，缺乏对独立董事激励模型的设计与分析。

认为"独立董事的激励机制难以'独立'，独立董事面临着经济利益与独立性的两难选择"的观点徘徊于两者之间，没有给出明确的答案。

（2）缺乏对独董激励机制模型系统研究。

怎样激励独立董事？独立董事激励机制的影响因素有哪些？他们之间存在什么关系？激励机制的模型框架是怎样的？目前的津贴制度有什么理论根据？有什么弊端？在现实社会里独立董事的激励机制应当是怎样的？

对于上述问题，国内外理论界目前缺乏详细的论述、没有给出明确的答案。

总之，在对独立董事激励方面，理论界呈现出一片混乱状态。一部分人主张，需要对独立董事进行激励；另一部分人主张，不应该对独立董事进行激励。这种状况在许多国家都存在，至今也没有形成比较一致的看法。

本书寻求对独立董事的激励机制进行探讨，同时研究在对独立董事的激励过程中，监控机制与激励机制、处罚机制与激励机制的关系和他们之间存在的演变规律。本书试图建立基于监控机制和基于处罚机制的独立董事激励机制理论体系。

1.4 研究意义

独立董事制度在我国建立时间不长，相关机制和有关规定都存在着空白。监督作用体现着独立董事的主要功能，因此，研究独立董事监督行为及促进监督的激励机制具有重要的现实意义和理论意义。

1.4.1 现实意义

我国目前的公司治理存在着一些问题。我国上市公司"股权集中程度高"的现象明显,"一股独大"十分突出。大部分上市公司的国家股或国有法人股的所有权最终都是属于国家。但是国家并不直接管理上市公司。由于所有者的"缺位",上市公司的大股东只是"国有资产"的代理人,公司事实上是由代理人组成的内部董事所控制[80]。

内部董事控制导致所有者的意志和利益被架空,所有者的资产被蚕食、转移或者流失,所有者的合法权益遭到侵蚀。内部董事把企业当作谋取自身利益的工具,采取各种措施实现个人利益的最大化。

中小股东在公司治理结构中处于弱势地位,他们面对着大股东和内部董事的双重"掠夺",既可能受到处于控股地位的大股东的侵害,又要负担内部董事机会主义行为造成的代理成本。

由于我国上市公司股权结构过于集中,董事会中内部董事与控股股东代表的比例较大,大多数上市公司的监事会"形同虚设",并不独立行事,缺乏对大股东及内部董事进行有效约束的机制,没有起到有效的监督作用,由此产生了一系列侵占和损害中小股东权益的现象[81]。为了有效约束上市公司内部董事的行为,有效控制控股股东通过关联交易"掏空"上市公司,在董事会中引入某种平衡力量或抑制机制就成为当务之急。

中国证券监督管理委员会仿照英美法系的做法,于2001年8月颁布了《关于在上市公司建立独立董事制度的指导意见》,要求在2002年6月30日以前,上市公司董事会成员中应当至少包括2名独立董事;在2003年6月30日以前,上市公司董事会成员中独立董事应当至少要占1/3[16]。2006年1月1日起施行的、经修改后的《中华人民共和国公司法》,明确规定上市公司中应建立独立董事制度[82]。独立董事参与法人治理是企业制度安排为适应制度环境变化而进行的创新和尝试。建立独立董事制度是完善公司治理结构的重要环节,是促使上市公司规范运作的重要举措。然而,独立董事制度在实行过程中却暴露出许多问题，如："独立董事不独立""花瓶董事""独立董事缺席""独立董事纷纷辞职"等现象时有发生，独立董事对内部董事的监督过程中存在什么问题？究竟采取什么措施才能发挥独立董事的监督作用？理论和实践都表明，我国独立董事制度当前所存在的诸多问题都与监督过程和激励问题有关，独立董事的监督不作为、激励机制不完善是其中的重要原因，而有关独立董事的监督行为、监督的激励机制的理论研究、实践研究却极为不足。

本书将独立董事的监督行为及激励机制研究作为研究方向，希望通过独立董事监督行为及激励机制的研究能为完善独立董事制度尽微薄之力。独立董事制度的完善将有助于抑制内部董事这一特殊利益集团对上市公司的控制和蚕食，有利于上市公司和我国证券市场的健康发展，有利于维护广大利益相关者的合法权益，有利于我国经济健康平稳发展，有利于构建社会主义和谐社会。

1.4.2　理论意义

独立董事制度是 21 世纪初公司治理研究方向的一个热点研究领域。但是，由于现有研究方法、研究视角的局限性，独立董事制度相关领域研究一直没有实质性进展。上市公司中的决策机构是董事会。董事会由内部董事和外部独立董事所组成。外部独立董事在董事会中的作用主要是起监督职能，监督董事会的决策是否合理合法。董事会作为一个决策组织，其内部的监督机制是否有效直接关系到上市公司的前途和命运。研究清楚独立董事监督内部董事的过程中存在的主要问题，探索促使独立董事发挥监督作用的激励机制、监控机制、处罚机制，对于发挥独立董事的监督作用具有重要意义。

本书将博弈理论运用于独立董事监督内部董事的过程分析之中，从动态的、互动的角度，用精确的数理演绎方式研究了监督者与被监督者的行为表现，初步阐述了"博弈的"监督理论。本书将监控机制、处罚机制应用到激励机制构架内，拓展了激励机制的理论框架和研究边界。本书将多种研究方法运用于独立董事这一研究领域，具有方法论意义。本书所探讨的独立董事监督行为和激励机制，尤其是监督主体和激励主体不同一情况下独立董事的激励监督理论，丰富了监督理论、激励理论，具有重要的学术价值。

1.5　研究目的

本书研究的目的是：研究独立董事在对内部董事的监督过程中存在的问题，并阐释基于博弈的独立董事对内部董事的监督理论；研究为促使独立董事发挥监督作用而需要采用的激励机制。本书对独立董事监督行为问题的阐述以及对解决措施的论述，为制度设计者制定政策提供相应的理论依据和切合实际的解决办法。独立董事制度的完善将有助于提高公司治理水平，促使上市公司提高绩效，切实保护广大投资者的合法权益。

1.6　研究内容和研究方法及研究框架

1.6.1　研究内容

针对独立董事监督行为、激励机制研究中的不足之处，本书将主要集中在以下几个方面展开研究：

（1）首先系统地阐述国内外的研究现状，提出要解决的问题，界定相关概念。对本书所涉及的监督行为、监督主体与激励主体同一与不同一等概念进行新的阐释。

（2）在系统地阐述国内外的研究现状、界定相关概念的基础上，论述了独立董事监督职能的表现，给出独立董事与内部董事合谋的定义，讨论了合谋的特征及其存在的条件，分析了独立董事与内部董事合谋的成因，为探寻抑制独立董事与内部董事合谋奠定基础。

(3) 从独立董事与内部董事的关系和独立董事的监督行为角度，阐述独立董事对内部董事监督行为的博弈模型、和独立董事之间相互监督的博弈模型，对博弈的均衡解进行分析、讨论。

(4) 从如何促进独立董事发挥监督作用角度出发，论述监督与激励之间的密切关系，然后从委托 - 代理理论角度出发研究独立董事的激励机制模型。阐述独立董事激励合约的基本框架，对对称信息条件下和不对称信息条件下独立董事的激励机制模型进行分析，并分别阐释基于监控机制的独立董事激励机制模型和基于处罚机制的投资者与独立董事之间的博弈模型。

(5) 进行实证研究，采用案例分析方法对前面建立的理论进行应用性验证。

1.6.2 研究方法

在管理学的几种主要研究方法中，例如：从理论到理论的研究方式、数理演绎分析的研究方式、实证研究方式、实验研究方式等几种方法中，本书总体采用对现实归纳抽象从而进行数理演绎分析的研究方式，进而采用案例研究实证方式进行应用性验证。

本书具体采用如下方法：

(1) 理论研究与实证分析相结合。本书采用理论研究和实证分析相结合的研究方法。本书根据现实情况归纳抽象从而构建理论模型，通过理论模型分析，剖析独立董事监督行为的微观机制，再进一步设计激励独立董事发挥监督作用的理论方案。实证研究采用案例分析方法。现实中实际发生的案例印证本书理论分析的观点和结论。

(2) 数理演绎推理的方法。本书大量采用数理演绎推理的方法进行分析论证。例如："独立董事与内部董事之间的博弈分析"部分、"不对称信息条件下独立董事最优激励机制的设计"部分、"加入监控机制的独立董事激励机制理论框架的扩展"部分、"基于处罚机制的投资者与独立董事之间的激励博弈"部分,都是采用严密的数理演绎推理方法进行分析。

(3) 博弈分析的方法。博弈分析理论是本书的一个重要分析工具。在"独立董事与内部董事之间博弈分析"部分,采用博弈理论分析方法进行分析。其中,"独立董事与内部董事之间的博弈均衡求解"部分,采用动态博弈均衡求解中的"逆向归纳法"。在"独立董事之间的博弈分析"部分,采用"策略型博弈"进行分析。

(4) 委托-代理分析方法。委托-代理理论是本书的一个重要分析方法。在"投资者-独立董事-内部董事"这三者关系中,当研究独立董事与内部董事合谋时,投资者和内部董事无疑分别是委托人和代理人,而对独立董事怎样定位?作为监督人的独立董事实质上也是一种代理人,独立董事是代投资者对内部董事进行监督。不过,这种"委托人-监督人-代理人"模式,其复杂性及其意义已经远远超过一般情况下的委托-代理模式。当研究投资者为避免独立董事与内部董事合谋而对独立董事进行激励时,毫无疑问,投资者是委托人,独立董事是代理人。

(5) 定量分析与定性分析相结合。本书中的大部分分析都是采用定量分析与定性分析相结合的方法。绝大部分定性分析及其结论都是由定量分析得出来的,而定量分析的模型又是从定性分析出发构建出来的。

本书采用的多种方法融合在一起,一个问题用多种方法进行论述。

1.6.3 研究框架

本书的研究框架如图 1-3 所示。

由图 1-3 可见,本书主要由四个部分组成:问题提出、理论研究、实证研究(案例分析)和结果讨论。

第1章 绪 论

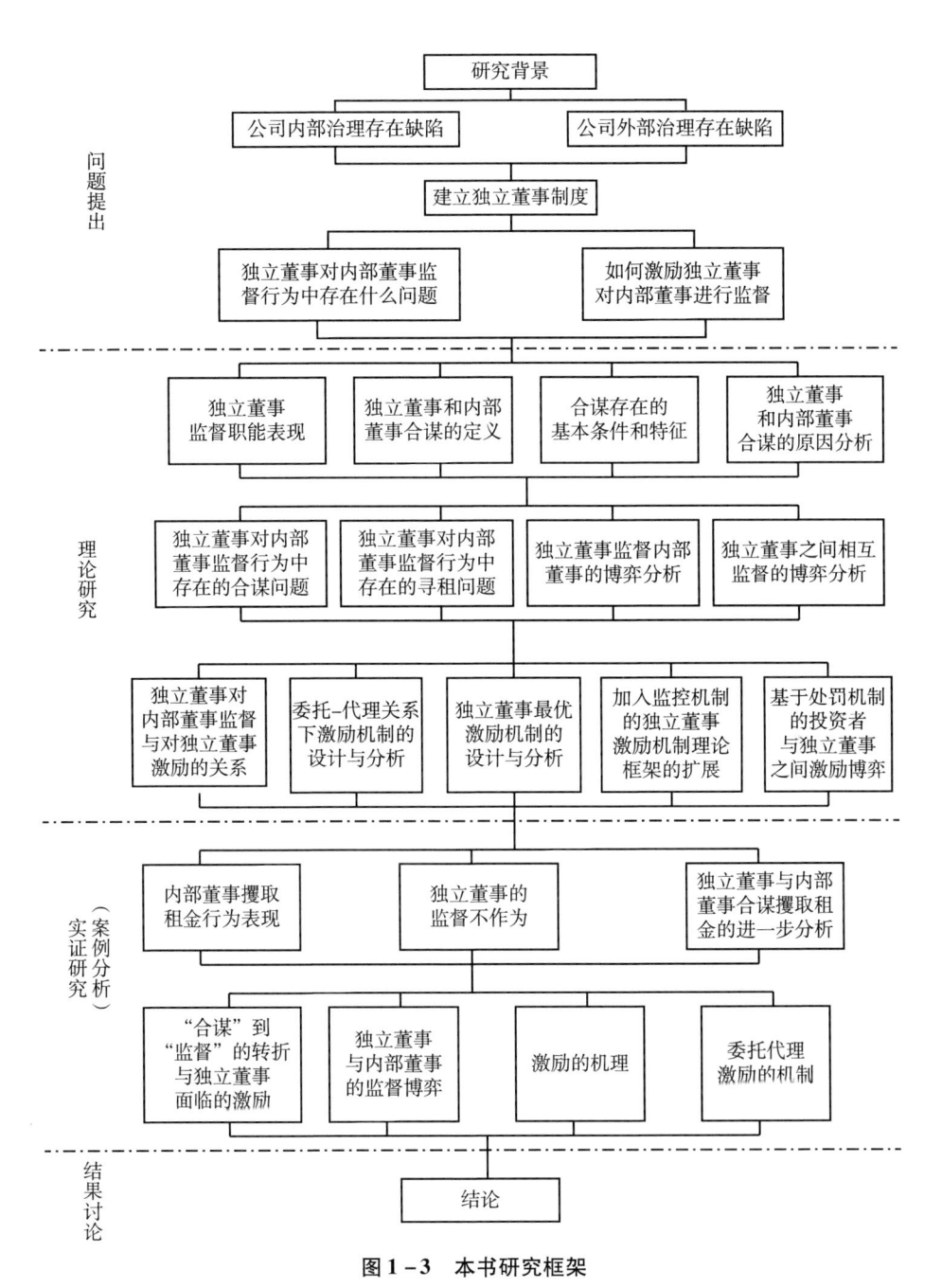

问题提出

研究背景
- 公司内部治理存在缺陷
- 公司外部治理存在缺陷

建立独立董事制度
- 独立董事对内部董事监督行为中存在什么问题
- 如何激励独立董事对内部董事进行监督

理论研究

- 独立董事监督职能表现
- 独立董事和内部董事合谋的定义
- 合谋存在的基本条件和特征
- 独立董事和内部董事合谋的原因分析

- 独立董事对内部董事监督行为中存在的合谋问题
- 独立董事对内部董事监督行为中存在的寻租问题
- 独立董事监督内部董事的博弈分析
- 独立董事之间相互监督的博弈分析

- 独立董事对内部董事监督与对独立董事激励的关系
- 委托-代理关系下激励机制的设计与分析
- 独立董事最优激励机制的设计与分析
- 加入监控机制的独立董事激励机制理论框架的扩展
- 基于处罚机制的投资者与独立董事之间激励博弈

实证研究（案例分析）

- 内部董事攫取租金行为表现
- 独立董事的监督不作为
- 独立董事与内部董事合谋攫取租金的进一步分析

- "合谋"到"监督"的转折与独立董事面临的激励
- 独立董事与内部董事的监督博弈
- 激励的机理
- 委托代理激励的机制

结果讨论

结论

图1-3 本书研究框架

33

第 2 章
独立董事监督职能与合谋问题分析

在上市公司中引入独立董事制度是公司治理中的制度创新。然而，现实生活中独立董事发挥的作用却不如人意，原因在哪里？独立董事的监督职能表现在什么地方？独立董事的监督过程究竟存在什么问题？

2.1 独立董事监督职能的表现

独立董事在上市公司董事会中最重要的作用就是监督作用。独立董事对内部董事的监督，是国家法律和行政法规所规定的、独立董事应尽的法定义务。这种监督与一般泛泛论及的"监督"不同，有其明确的内涵。独立董事的监督职能主要表现在下列几个方面：

（1）对董事会及管理层进行监督。独立董事享有对董事会及其成员和经营管理层及其成员进行监督的权利，并且能以适当的方式发表评价结论。

（2）独立董事应当维护公司和利益相关者权益。独立董事的重要作用之一就是通过一系列行之有效的方法来维护公司和利益相关者的财产不受侵犯或滥用，进而与管理层共同致力于实现利益相关者财富最大化。

（3）对公司重大事项发表独立意见。《关于在上市公司建立独立董事制度的指导意见》第六条规定，独立董事对六类重大事项应当向董事会或股东大会发表独立意见。这六类事项包括董事的提名和任免、公司高层人员的薪酬标准、关联交易、可能损害中小股东权益的事项等内容，而且在需要披露时，独立董事的相关意见必须予以公告。

（4）审查重大关联交易。所谓关联交易，是指发生在关联人士之间的有关转移资源和义务的事项安排行为。关联人应该包括自然人和法人，其中自然人包括大股东或控制性股东，以及上市公司的董事、监事、经理及高级管理人员等。在不当的关联交易中，处于控股地位的大股东可以利用表决权优势，对上市公司的关联交易作出安排，以牺牲上市公司的整体利益为代价给自己带来额外利益，同时损害了少数股东的利益。因此，各国一般都采取措施来防止不当关联交易的发生。独立董事地位超脱、利益独立，由其审查公司的关联交易，有利于维护公司利益。尤其在我国上市公司，股权结构高度集中，大股东利用控股地位和信息优势进行的不当关联交易，严重损害公司利益和中小股东利益。而我国上市公司独立董事的独立性体现为独立于大股东和公司经营者，代表公司和中小股东的利益。因此，我国独立董事对关联交易享有审查权更具有重要意义。

（5）审查和批准公司其他重大事项。独立董事不仅对关联交易享有审查权，还对公司的一些重大事项享有审查批准权。例如，独立董事有权聘请审计、咨询等中介机构，对公司的财务报表审计、关联交易、分红派息方案和信息披露等进行全面审查，确保公司在这些方面的行为符合法律和法规的要求，并且符合公司的整体利益和全体股东的利益[83]。

2.2 独立董事监督行为中的合谋问题

"经济人"假设是整个经济学分析的前提和基础。经济学理论认为，几乎所有的人都是有自利意识和自利动机的"经济人"，按照这种观点，几乎所有的独立董事也不能例外。因此，在讨论独立董事的效用时就不能回避这个事实。并且，还要注意到，独立董事作为"经济人"无论在做什么事情的时候，都会考虑自己的成本和收益（并非全用金融资产衡量）。不同的成本和收益结构会使他们作出不同的行为选择。

在完全信息的世界里，委托人通过设计最优合约可以解决委托－代理间的全部问题。然而，现实世界中的信息是不完全信息。由于存在着利益驱动，监督人和代理人之间可能存在着合谋。

2.2.1 合谋的普遍性

尽管有独立董事监督，近年来，上市公司仍然频繁发生大股东侵占挪用上市公司资金、大股东欺诈中小投资者、虚假陈述、信息披露违规误导、市场操纵等违规违纪违法问题，这些问题的存在严重地侵害了投资者权益。之所以存在这些现象，虽然原因众多，但是，一个重要的原因就是，独立董事非但没有发挥出监督作用，反而与内部董事等内部实际控制人合谋。

合谋现象几乎在所有的组织和机构中普遍存在，合谋能够对社会造成福利损失，因此，政治家们一直致力于争取在制度设计中解决合谋问题。

在产业组织等众多领域，合谋现象普遍存在。在工厂中，工会代表可能会和资方达成不符合工人利益的协定；在上市公司中，作为监督者的董事会和作为被监督者的管理层之间存在着合谋欺骗投资者的可能；在社会的公共领域中，税收及各种补贴并不一定旨在提高全民福利，有可能是为了特殊利益集团的利益需要；在社会经济生活中，为了使制度的设计和政策的制定对自己有利，各种利益集团会千方百计地争取与政府机构合谋。诸如此类的还有：在企业股份制改造过程中，某些上市公司与中介机构、证券交易所合谋；地方政府与所属企业为逃避债务而合谋；保险企业的理赔决策人与客户合谋；等等。合谋是腐败的重要表现。凡是涉及团队中的道德风险、相对业绩评价、等级结构等多重代理人之间契约设计的问题都对代理人之间可能存在的合谋非常敏感。合谋问题的普遍性决定了研究合谋问题的迫切性和必要性。

2.2.2 合谋与内部人控制的区别

合谋问题不同于内部人控制问题。内部人控制问题强调的是国有企业的内部人在经济转轨过程中获得了相当大的剩余控制权,属于代理问题。合谋问题强调的是委托问题,也就是监督机制上的问题。由于初始委托人不能直接和完全地约束独立董事,使得独立董事在监督内部董事时具有谋求自身利益的可能性。解决合谋问题的主要途径在于调整监督机制,让独立董事具有监督的积极性。而解决内部人控制问题主要在于完善公司治理结构,以控制和激励代理人。合谋问题与内部人控制问题又相互关联,合谋无疑加剧了内部人控制问题的严重性。所以,在完善上市公司治理结构时,合谋问题与内部人控制问题必须同时加以考虑。本书旨在探讨独立董事的监督行为,因此,着重研究存在合谋关系时,独立董事与内部董事的行为模式及均衡结果[84]。

2.2.3 独立董事与内部董事合谋的定义

定义 2.1：在具有委托-代理关系的团队组织或等级组织中,当存在地位平等的同层级多个代理人,或者存在代理人之间属于等级上的控制与被控制关系的上下多层级时,并且代理人掌握决策、评价其他代理人绩效等一定权力,可能为其他人带来额外效用时,在和初始委托人达成委托-代理主契约以外,多个代理人之间为了提高自身利益或者效用状态又私下达成某种子契约,这种子契约一般与主契约相抵触,违背初始委托人的意愿,损害委托人的利益,这种私下达成子契约的行为就是合谋。

定义 2.2：独立董事与内部董事的合谋是指在上市公司董事会的决策过程中,独立董事和内部董事为了获取额外的上市公司剩余收益或者为对抗其他对手,漠视现行规章制度或者利用现有制度规定的空白和模糊,双方默契合作、私下联手的结盟行为。独立董事与内部董事的合谋损害了股东等投资者的利益,提高了其自身的效用。

本书假定独立董事都具有履行职责的相关学识、经验和条件，都具有监督技术和监督能力。那些保持沉默的、不作为的独立董事在一定程度上也是合谋，他们可能已经被内部董事所买通。退一步讲，即使个别独立董事不具有监督能力，本书仍然认定其为合谋，因为这样的独立董事没有付出履行职责的成本却获得了本不应该获得的巨大的声誉资本，条件当然是放弃对内部董事的监督。因此，这仍然是合谋。本书所指的监督能力是指具有履行独立董事职责所必需的经济、法律等相关领域的学识、工作经验，具备上市公司运作的基本知识，熟悉相关法律、行政法规、规章及规则。事实上，独立董事上岗前，都经过中国证监会的培训。以"不熟悉""不了解"等为借口，不能作为独立董事免责的理由。

2.2.4　合谋存在的基本条件

合谋存在的基本条件是：第一，在具有委托－代理关系的团队组织或等级组织中，存在地位平等的同层级多个代理人，或者存在代理人之间属于等级上的控制与被控制关系的上下多层级时；第二，代理人掌握决策、评价其他代理人绩效等一定权力，可能为其他人带来额外效用；第三，在和初始委托人达成委托－代理主契约以外，多个代理人之间私下达成的子契约能够提高代理人自身利益或者效用状态；第四，委托－代理双方存在信息不对称，委托人掌握的关于自然状态和代理人努力程度的信息不如代理人，或者委托人很难观察到代理人之间的合谋子契约抑或观察到的成本相当大。

当上述几个基本条件同时存在时，合谋现象就有可能存在，合谋行为将有可能发生。

在上市公司董事会中，内部董事和外部独立董事都是股东的代理人，为了分享董事会决策产生的利益，分享上市公司中的租金，双方不约而同地合谋；在上市公司董事会中，内部董事掌握着独立董事的提名权、报酬决定权等权利，外部独立董事掌握着信息披露权、重大关联交易批准权等权利，内部董事与外部独立董事合谋的基本形式就是以权换权。

2.2.5 独立董事与内部董事合谋的特征

合谋最重要的特征是，合谋者通过歪曲信息，增大委托 – 代理双方的信息不对称程度，从而分享由合谋行为带来的多得利益。这些利益不只是金钱，还可以是地位、荣誉、人情等，甚至是闲暇。不仅可以是物质上的利益，还可以是精神上的利益。合谋造成委托人利益的减少。

独立董事在上市公司中的监督行为主要是一种表现为脑力劳动的智力决策，因此，独立董事是否与内部董事合谋具有隐蔽性、不可观察性、难以防范性、一定的损害性、难以认定性。

值得注意的是，独立董事监督中的不作为行为也是一种合谋。

不作为是"当为而不为"，是指行为人负有实施某种特定法律义务，并且能够实行而不实行的行为。

独立董事应该认真履行监督职责，监督内部董事是其应行使的权利和应尽的义务。放弃其应行使的监督权力、不履行应尽的监督义务，这种行为就是一种监督不作为。

2.2.6 独立董事与内部董事合谋的原因分析

独立董事与内部董事的合谋行为是由其内在需求和外部刺激交互作用的结果。内在需求是内因，可以称为自发性动机；外部刺激是外因，可以称为引致性动机。

合谋行为的自发性动机是指源自独立董事自身因素，由其内在需要而产生的行为动机。这类动机不受外部因素的干扰，是合谋行为的原始驱动力。

独立董事是风险中性的"经济人"，在参与上市公司董事会决策过程中会根据成本效益分析的结果来决定对法律、准则、道德规范的执行态度；在企业治理结构中，独立董事作为与委托 – 代理双方均保持独立的第三方而存在，独立董事一般不是企业剩余索取权的持有者，努力工作一般不会得到什么额外收益，这在客观上导致了独立董事偷懒、监督不力乃至合谋动机的产生。独立董事"经济人"的本质属性促成了其合谋的自发性动机。

合谋行为的引致性动机是指独立董事源于外部因素刺激而产生合谋的行为动机，影响较大的引致性动机有三类。第一，信息不对称。信息不对称是合谋的基础。当自利的独立董事与代理人达成一致，凭借其"私人信息"共同向委托人寻租时，合谋行为便产生了。第二，治理机制失调。治理机制失调是合谋的直接原因。目前的公司治理涉及委托人、独立董事和被监督人三方。其中，被监督人是替委托人经营资产的代理人，独立董事是替委托人监督被监督人的代理人，他们服务于同一委托人。为了获得额外利益，独立董事有可能与代理人合谋。第三，激励机制残缺。激励机制残缺是合谋的"催化剂"。目前，不管独立董事尽力与否，其获取的均是固定的利益，独立董事的所得既没有与监督的经济后果联系起来，与监督的质量也不具有相关性。因此，在缺乏监督的激励机制时，通过与被监督人合谋，谋求合同外收益也就成了独立董事的一种必然选择[85]。抑制独立董事合谋的自发性动机、消除引致性动机，是降低独立董事合谋程度的重要途径。

2.3　本章小结

本章论述了独立董事监督职能的表现，给出独立董事与内部董事合谋的定义，讨论了合谋的特征及其存在的条件，辨析了合谋与内部人控制的区别，分析了独立董事与内部董事合谋的成因，为探寻抑制独立董事与内部董事合谋奠定基础。

第 3 章
独立董事监督的博弈分析

传统经济学认为，经济学是研究稀缺资源的有效配置问题；现代经济学认为，经济学是研究人的行为问题。显然，现代经济学更为准确恰当。经济学假定人是理性的，理性人是指人在给定的约束条件下最大化自己的偏好。正是理性人的假设使得经济学家得以运用数学工具描述人的行为。理性人在最大化自己的偏好时，需要相互合作，而合作中又存在着冲突。为了实现合作的潜在利益和有效地解决合作中的冲突，理性人发明了各种各样的制度来规范他们的行为[66]。

经济活动中各因素之间，除了存在行为理论上的相互影响，还存在数量上的相互依存关系。对经济系统以至每一个别经济现象进行定量研究，从而揭示客观存在的数量依存关系，是经济研究中一项重要任务，是经济决策的一项基础工作[86]。建立模型需要理论抽象。模型是对客观事物的基本特征和发展规律的概括，是对现实的简化[87]。本章运用博弈论，分析独立董事与内部董事之间的博弈过程。

3.1 独立董事监督内部董事的博弈分析

3.1.1 独立董事与内部董事的寻租

在上市公司中，存在着两级委托-代理关系。第一级委托-代理是在作为初始委托人的投资者与作为初级代理人的董事会之间进行。第二级委托－代理在董事会与上市公司的高级管理人员之间进行。在后一层级委托－代理关系中，起监督作用的独立董事是委托人，作为高级管理人员又是董事的内部董事是代理人。独立董事所受到的约束主要来自于相关法律和法规。这种约束可以称之为制度约束。设独立董事受到的制度约束程度为 λ，λ 满足 $0 \leq \lambda \leq 1$，λ 值越高，独立董事损害投资者利益的难度越大，其监督的积极性也就越高。$\lambda < 1$ 表示独立董事所受到的制度约束是不完全的，$1 - \lambda$ 表示独立董事的寻租空间。

但由于独立董事一般没有剩余索取权，其个人利益与投资者的利益可能不完全一致，又由于独立董事所受到的制度约束是不完全的，独立董事在设计代理合同和监督内部董事的行为时，有可能偏离投资者的利益。如果内部董事愿意与独立董事合谋、共享租金，独立董事就有积极性为内部董事创造寻租机会。

设独立董事对内部董事的监督强度为 μ，μ 满足 $0 \leq \mu \leq 1$，μ 值越大，表示独立董事越有积极性监督内部董事，内部董事越难以侵吞企业的剩余收益。在这里，假定独立董事只要付出足够的努力，是可以准确获悉有关上市公司的收益信息。故 $\mu = 1$ 时，独立董事全力监督内部董事，内部董事无法获取租金收入。$1 - \mu$ 为独立董事留给内部董事的寻租空间。在 $1 - \mu$ 给定的条件下，内部董事决定是否通过隐藏、造假等方式获得非正常收益。

设内部董事的收益报告系数为 δ，δ 满足 $0 \leq \delta \leq 1$。若上市公司的真实收益为 π，则内部董事报告的收益为 $\delta\pi$，截留收益 $(1-\delta)\pi$ 即内部董事创造的租金。$(1-\delta)\pi$ 必须在独立董事与内部董事之间共同瓜分，否则独立董事将选择 $\mu = 1$，全力监督内部董事，迫使内部董事无法获取额外的收益[84]。

3.1.2 独立董事监督内部董事博弈模型构建

3.1.2.1 模型假设

理论必然要有一定程度的抽象，但保留在理论模型中的前提条件必须是建之于现实基础之上的,如此理论才能对现象有足够的解释力和预测力。理论是现实的映像,只要能说明主要变量之间的因果关系即可[88]。本章的讨论引入了独立董事的监督能力和监督成本。为了便于分析,对模型参数作如下假设。

假设1:设独立董事的效用函数为U_S,内部董事的效用函数为U_A,独立董事和内部董事的效用都可以用折算的货币收入来表示,令:

$$U_S = U_S(P, M_{R1}, C_S, C_{CS})$$
$$U_A = U_A(I, M_{R2}, C_a, C_{CA})$$

其中,P、M_{R1}、C_S、C_{CS}分别为独立董事的绩效、合谋的租金收入、监督成本、合谋成本。I、M_{R2}分别为内部董事合同收入、合谋的租金收入,C_a、C_{CA}分别为内部董事的努力成本、合谋成本。U_S和U_A分别满足:

$$\frac{\partial U_S}{\partial P} > 0, \quad \frac{\partial U_S}{\partial M_{R1}} > 0, \quad \frac{\partial U_S}{\partial C_S} < 0, \quad \frac{\partial U_S}{\partial C_{CS}} < 0$$

$$\frac{\partial U_A}{\partial I} > 0, \quad \frac{\partial U_A}{\partial M_{R2}} > 0, \quad \frac{\partial U_A}{\partial C_a} < 0, \quad \frac{\partial U_A}{\partial C_{CA}} < 0$$

假设2:设上市公司的产出为π,产出的随机变量记为θ,θ服从均值为零、方差为σ^2的正态随机分布,记为$\theta \sim N(0, \sigma^2)$。设$\alpha$为内部董事的努力程度,$k$表示独立董事的监督能力,称为监督能力系数。令$\pi = k\alpha + \theta$,即假定上市公司的产出直接由内部董事的努力程度、独立董事的监督能力和随机因素共同决定。因此,上市公司的期望产出$E\pi = E(k\alpha + \theta) = k\alpha$。

假设3:设内部董事对上市公司产出的分享份额为β,β满足$0 \leq \beta < 1$。设内部董事的基本工资为W_0。因此,内部董事的合同收入可以记为:$W_0 + \beta(k\alpha + \theta)$,则内部董事合同收入的期望值可以记为:$I = W_0 + \beta k\alpha$。假定基本工资$W_0$不在合同的设计范围之内,而是由工资政策外生性给定的,合同设计的内容仅仅是选择β的大小。作这样假设之后,可以认为内部董事的风险态度是风险偏好型,β值越高,内部董事效用水平越高,内部董事没有风险成本。扣除内部董事的合同收入后,上市公司的期望收益为$(1-\beta)k\alpha - W_0$。

假设4:设内部董事的收益报告系数为δ,δ满足$0 \leq \delta \leq 1$,则上市公司

的名义收益为 $\delta[(1-\beta)k\alpha - W_0]$。由于初始委托人只能观察到上市公司的账面收益，账面收益是考核独立董事绩效的重要指标，故令独立董事的绩效 $P = \delta[(1-\beta)k\alpha - W_0]$。

假设 5：独立董事所受到的各种约束主要来自相关的法律、法规的规定。这种约束可称之为制度约束。设独立董事受到的制度约束程度记为 λ，λ 满足 $0 \leq \lambda \leq 1$，λ 值越高，独立董事损害投资者利益的难度越大，其监督的积极性也就越高。$\lambda < 1$ 表示独立董事所受到的制度约束程度是不完全的，$1-\lambda$ 表示独立董事的寻租空间。

假设 6：独立董事对内部董事的监督强度记为 μ，μ 满足 $0 \leq \mu \leq 1$，μ 值越大，表示独立董事越有积极性监督内部董事，内部董事越难以侵吞上市公司的剩余收益。假定独立董事只要付出足够的努力，是可以准确获悉有关上市公司的收益信息的。故 $\mu = 1$ 时，独立董事全力监督内部董事，内部董事无法获取租金收入。$1-\mu$ 为独立董事留给内部董事的寻租空间，即独立董事与内部董事的合谋空间。在给定的制度约束程度 λ 条件下，独立董事负担的为内部董事提供寻租空间的合谋成本，由 $1-\mu$ 决定，$1-\mu$ 越大，独立董事的合谋成本越高。在 $1-\mu$ 给定的条件下，内部董事决定是否通过隐藏或造假等方式获得非正常收益。

假设 7：独立董事与内部董事合谋的租金总额为 $(1-\delta)[(1-\beta)k\alpha - W_0]$，假设租金在独立董事与内部董事之间平均分配，则独立董事和内部董事各自的租金收入为 $M_{R1} = M_{R2} = \frac{1}{2}(1-\delta)[(1-\beta)k\alpha - W_0]$。

假设 8：设独立董事的合谋成本为：$C_{CS} = \frac{1}{2(1-\lambda)}(1-\mu)^2$，其中，$C_{CS}$ 满足 $\frac{\partial C_{CS}}{\partial(1-\mu)} > 0$、$\frac{\partial^2 C_{CS}}{\partial(1-\mu)^2} > 0$、$\frac{\partial C_{CS}}{\partial \lambda} > 0$、$\frac{\partial^2 C_{CS}}{\partial \lambda^2} > 0$，即独立董事合谋的边际成本随独立董事提供的合谋空间 $1-\mu$ 和制度约束程度 λ 的增加而递增。

假设 9：设内部董事的努力成本为 $C_a = \frac{1}{2}b\alpha^2$，其中，$b$ 为努力成本系数。

设内部董事的合谋成本为 $C_{CA} = \frac{1}{2(1-\mu)}(1-\delta)^2[(1-\beta)k\alpha - W_0]$，$C_{CA}$ 不仅随独立董事的监督强度 μ 的增加而增加，而且随内部董事的合谋程度（$1-\delta$）和侵蚀利润额 $(1-\delta)[(1-\beta)k\alpha - W_0]$ 的增加而增大。

假设 10：设独立董事的监督成本为 $C_S = \frac{1}{2}g\mu^2$，g 是监督成本系数。

假设 11：设独立董事的绩效同其货币收入之间的边际替代率用 t 表示，t 满足 $t \geq 0$，则将独立董事的绩效折算成货币收入可以表示为 $t\delta[(1-\beta)k\alpha - W_0]$。其中，$t$ 值越高，表示独立董事对绩效的偏好越强[84]。

3.1.2.2 模型构建

拉丰（Laffont）和马蒂摩（Martimort）的工作对机制设计理论的发展作出了贡献[89-91]。本书在上述假设 1 至假设 11 的基础上，同时考虑到独立董事所受到的制度约束程度、独立董事对内部董事的监督强度、独立董事的合谋成本、独立董事的监督成本等因素，分别建立以独立董事和内部董事的效用函数表示的模型如下：

$$U_S = t\delta[(1-\beta)k\alpha - W_0] + \frac{1}{2}(1-\delta)[(1-\beta)k\alpha - W_0]$$
$$- \frac{1}{2(1-\lambda)}(1-\mu)^2 - \frac{1}{2}g\mu^2 \quad (3-1)$$

$$U_A = W_0 + \beta k\alpha + \frac{1}{2}(1-\delta)[(1-\beta)k\alpha - W_0] - \frac{1}{2}b\alpha^2$$
$$- \frac{1}{2(1-\mu)}(1-\delta)^2[(1-\beta)k\alpha - W_0] \quad (3-2)$$

3.1.3 独立董事监督内部董事的博弈均衡

独立董事和内部董事的支付函数取其效用函数 U_S 和 U_A。独立董事的决策问题是选择激励合同 β 和监督强度 μ，内部董事的决策问题是在观察到 β

和 μ 后，选择努力程度 α 和报告系数 δ。假设支付函数是博弈双方的共同知识，独立董事与内部董事之间形成一个完全完美信息动态博弈。完全信息（complete information）指的是局中人对自己和其他局中人的所有与博弈有关的策略空间、支付函数等事前信息有充分的了解。在完美信息（perfect information）博弈中，所有的信息集都是单点集，在博弈进行的每一步当中，一次只有一个局中人在行动，要选择行动的参与者都知道这一步之前博弈进行的整个过程，知道博弈的所有以往行动历史。动态博弈中局中人不是同时选择行为而是依次选择行为，决策具有先后次序，而且后选择行为者能够看到先选择行为者的选择内容。这种决策问题构成的博弈称之为动态博弈（dynamic games）。

在治理规范的上市公司中，董事会中的薪酬委员会主要由独立董事组成，内部董事的报酬由独立董事决定。因此，博弈顺序为：第一阶段，独立董事首先行动，选择激励合同 β；第二阶段，内部董事观察到 β 后，选择努力程度 α；第三阶段，独立董事选择监督强度 μ；第四阶段，内部董事观察到 μ 后，选择报告系数 δ。下面用逆向归纳法（backwards induction）[66,92-96] 求出该博弈的均衡解。

逆向归纳法是一种从动态博弈的最后一个阶段局中人的行动开始分析、逐步倒推回前一个阶段相应局中人的行为选择、一直到第一个阶段的分析方法。逆向归纳法的逻辑基础是这样的：动态博弈中先行动的理性的局中人，在前面阶段选择行动时，必然会考虑后行动的局中人在后面阶段中将会怎样选择行动，只有在博弈的最后一个阶段进行选择的、不再有后续阶段牵制的局中人，才能直接作出明确选择。而当后面阶段局中人的选择确定以后，前一阶段局中人的行动也就容易确定了。

因此，逆向归纳法的分析顺序为：从动态博弈的最后一个阶段开始分析，每一次确定出所分析阶段局中人的选择和路径，然后再确定前一个阶段的局中人的选择和路径。逆向归纳到某个阶段，那么这个阶段及后面的博弈结果就可以确定下来，该阶段的选择节点等于一个结束终端。

逆向归纳法事实上就是把多阶段动态博弈化为一系列的单方博弈，通过对一系列单方博弈的分析，确定各局中人在各自选择阶段的选择，最终对动态博弈结果，包括博弈的路径和各局中人的得益等作出判断，归纳各个局中人各阶段的选择则可得到各个局中人在整个动态博弈中的策略。

由于逆向归纳法确定的各个局中人在各阶段的选择，都是建立在后续阶段各个局中人理性选择基础上的，因此自然排除了包含不可信的威胁或承诺的可能性，于是逆向归纳法得出的结论是比较可靠的，得到的各个局中人的策略组合具有稳定性。

在博弈的最后阶段，内部董事观察到独立董事选择的监督强度 μ 后，面临的决策问题是：

$$\max_{\delta} U_A = \max_{\delta} \left\{ W_0 + \beta k\alpha + \frac{1}{2}(1-\delta)\left[(1-\beta)k\alpha - W_0\right] - \frac{1}{2}b\alpha^2 \right.$$
$$\left. - \frac{1}{2(1-\mu)}(1-\delta)^2\left[(1-\beta)k\alpha - W_0\right] \right\}$$

用拉格朗日乘数法求解最优化的一阶条件：

$$\frac{\partial U_A}{\partial \delta} = -\frac{1}{2}\left[(1-\beta)k\alpha - W_0\right] + \frac{1}{1-\mu}(1-\delta)\left[(1-\beta)k\alpha - W_0\right] = 0$$

解出：

$$\delta = \frac{1+\mu}{2} \qquad (3-3)$$

其中，$\delta = \frac{1+\mu}{2}$ 为内部董事的最优报告策略。

独立董事预测到内部董事将按 $\delta = \frac{1+\mu}{2}$ 的规则来选择收益报告系数时，独立董事在第三阶段面临的决策问题是：

$$\begin{cases} \max_{\mu} U_S = \max_{\mu} \left\{ t\delta\left[(1-\beta)k\alpha - W_0\right] + \frac{1}{2}(1-\delta)\left[(1-\beta)k\alpha - W_0\right] \right. \\ \left. \qquad - \frac{1}{2(1-\lambda)}(1-\mu)^2 - \frac{1}{2}g\mu^2 \right\} \\ \text{s. t.} \quad \delta = \frac{1+\mu}{2} \end{cases}$$

47

用拉格朗日乘数法求解一阶条件得出独立董事的最优监督策略：

$$\mu = \frac{1 - (1-\lambda)\left(\frac{1}{4} - \frac{t}{2}\right)\left[(1-\beta)k\alpha - W_0\right]}{1 + (1-\lambda)g} \quad (3-4)$$

以 $t = \frac{1}{2}$ 为分界点，可以得到：

$$\begin{cases} \mu = \dfrac{1 - (1-\lambda)\left(\dfrac{1}{4} - \dfrac{t}{2}\right)\left[(1-\beta)k\alpha - W_0\right]}{1 + (1-\lambda)g}, & 0 < t < \dfrac{1}{2} \\ \mu = \dfrac{1}{1 + (1-\lambda)g}, & t \geq \dfrac{1}{2} \end{cases} \quad (3-5)$$

当独立董事的监督成本由初始委托人承担时，$g = 0$，由此得到：

$$\begin{cases} \mu = 1 - (1-\lambda)\left(\dfrac{1}{4} - \dfrac{t}{2}\right)\left[(1-\beta)k\alpha - W_0\right], & 0 < t < \dfrac{1}{2} \\ \mu = 1, & t \geq \dfrac{1}{2} \end{cases} \quad (3-6)$$

由独立董事的最优监督策略可以得出下列几个结论：

结论1：当 $t \geq 1/2$ 即独立董事的绩效与其货币收入的边际替代率大于等于 1/2 时，独立董事没有积极性同内部董事合谋，而选择全力监督内部董事。

结论2：当 $t < 1/2$，$\lambda < 1$ 时，$\mu < 1$，这表明独立董事具有合谋的倾向。但由于 $\partial \mu / \partial t > 0$，表明随着 t 值的增大，独立董事的监督积极性也在提高，合谋程度随之降低。

结论3：当 $\lambda < 1$ 时，$\mu < 1$；当 $\lambda = 1$ 时，$\mu = 1$；并且 $\partial \mu / \partial \lambda > 0$。也就是说，独立董事的监督强度随着制度约束的加强而递增。当制度约束是完全的，独立董事也将选择对内部董事实施完全的监督；但当制度约束不完全时，独立董事的监督积极性也是不完全的，独立董事倾向于同内部董事进行一定程度的合谋。

结论4：由于 $\partial \mu / \partial \beta > 0$，因此，提高内部董事对收益的分配份额，将刺激独立董事加大监督的强度。

将公式（3-5）分别代入公式（3-3），得出：

$$\begin{cases} \delta = \dfrac{1-(1-\lambda)\left(\dfrac{1}{4}-\dfrac{t}{2}\right)[(1-\beta)k\alpha - W_0]}{2[1+(1-\lambda)g]} + \dfrac{1}{2},\ 0<t<\dfrac{1}{2} \\ \delta = \dfrac{1}{2[1+(1-\lambda)g]} + \dfrac{1}{2},\ t \geqslant \dfrac{1}{2} \end{cases}$$

所以，自第三阶段开始的子博弈纳什均衡为：

$$\mu = \dfrac{1-(1-\lambda)\left(\dfrac{1}{4}-\dfrac{t}{2}\right)[(1-\beta)k\alpha - W_0]}{1+(1-\lambda)g},\ \left(0<t<\dfrac{1}{2}\right)$$

$$\delta = \dfrac{1-(1-\lambda)\left(\dfrac{1}{4}-\dfrac{t}{2}\right)[(1-\beta)k\alpha - W_0]}{2[1+(1-\lambda)g]} + \dfrac{1}{2},\ \left(0<t<\dfrac{1}{2}\right)$$

或者

$$\mu = \dfrac{1}{1+(1-\lambda)g},\ \left(t \geqslant \dfrac{1}{2}\right)$$

$$\delta = \dfrac{1}{2[1+(1-\lambda)g]} + \dfrac{1}{2},\ \left(t \geqslant \dfrac{1}{2}\right)$$

为了研究合谋关系下的均衡，以下假定 $0 \leqslant t < \dfrac{1}{2}$，$\lambda < 1$，$\mu < 1$。

在第二阶段，内部董事预见到在第三阶段独立董事将按公式（3-4）选择最优监督策略，内部董事面临的决策是：

$$\begin{cases} \max_{\alpha} U_A = \max_{\alpha}\left\{ W_0 + \beta k\alpha + \dfrac{1}{2}(1-\delta)[(1-\beta)k\alpha - W_0] - \dfrac{1}{2}b\alpha^2 \right. \\ \left. \qquad\qquad - \dfrac{1}{2(1-\mu)}(1-\delta)^2[(1-\beta)k\alpha - W_0] \right\} \\ \text{s.t.}\ \mu = \dfrac{1-(1-\lambda)\left(\dfrac{1}{4}-\dfrac{t}{2}\right)[(1-\beta)k\alpha - W_0]}{1+(1-\lambda)g},\ \left(0 \leqslant t < \dfrac{1}{2}\right) \\ \qquad \delta = \dfrac{1-(1-\lambda)\left(\dfrac{1}{4}-\dfrac{t}{2}\right)[(1-\beta)k\alpha - W_0]}{2[1+(1-\lambda)g]} + \dfrac{1}{2},\ \left(0 \leqslant t < \dfrac{1}{2}\right) \end{cases}$$

解最优化的一阶条件 $\partial U_A / \partial \alpha = 0$，得出：

$$\alpha = \frac{W_0(1-\beta)k(1-\lambda)\left(\frac{1}{2}-t\right)-8\beta[1+(1-\lambda)g]}{(1-\beta)^2k^2(1-\lambda)\left(\frac{1}{2}-t\right)-8b[1+(1-\lambda)g]} \quad (3-7)$$

博弈的初始阶段，独立董事预见到内部董事的最优努力策略公式（3－7），独立董事面临的决策问题是：

$$\begin{cases} \max_{\beta} U_S = \max_{\beta}\left\{t\delta[(1-\beta)k\alpha-W_0]+\frac{1}{2}(1-\delta)[(1-\beta)k\alpha-W_0]\right. \\ \left.\qquad -\frac{1}{2(1-\lambda)}(1-\mu)^2-\frac{1}{2}g\mu^2\right\} \\ \text{s. t. } \delta = \frac{1+\mu}{2} \\ \qquad \mu = \frac{1-(1-\lambda)\left(\frac{1}{4}-\frac{t}{2}\right)[(1-\beta)k\alpha-W_0]}{1+(1-\lambda)g} \\ \qquad \alpha = \frac{W_0(1-\beta)k(1-\lambda)\left(\frac{1}{2}-t\right)-8\beta[1+(1-\lambda)g]}{(1-\beta)^2k^2(1-\lambda)\left(\frac{1}{2}-t\right)-8b[1+(1-\lambda)g]} \end{cases}$$

用拉格朗日乘数法解最优一阶条件：$\partial U_S/\partial \beta = 0$，得到的解记为 $\beta = \beta^*$。将 $\beta = \beta^*$ 代入公式（3－7）得出内部董事的最优努力水平 α^*，将 $\beta = \beta^*$、$\alpha = \alpha^*$ 代入公式（3－5），得出独立董事的最优监督强度 μ^*，将 $\mu = \mu^*$ 再代入公式（3－3），得出内部董事的最优收益报告系数 $\delta = \delta^*$。所以，该博弈的子博弈精炼纳什均衡结果为：$(\beta^*, \alpha^*, \mu^*, \delta^*)$。

由独立董事与内部董事的博弈分析可以得出下面结论：

结论 5：完善法律法规等各项制度，可以提高独立董事所受到的约束程度，从而提高独立董事履行监督职能的积极性。

结论 6：选择对绩效边际效用较高的，尤其是声誉较高的独立董事，有助于提高独立董事的监督努力，降低合谋程度。

结论 7：由于 $\frac{\partial \mu}{\partial \beta} > 0$，$\frac{\partial \delta}{\partial \beta} > 0$，所以提高内部董事的合同收入，既会刺激

独立董事的监督积极性,也将提高内部董事如实报告上市公司收益的积极性。

结论 8:模型中的 t 值也可以理解为独立董事对上市公司剩余收益的索取份额。所以,让独立董事拥有上市公司的部分股权,将提高独立董事的监督积极性。特别地,当独立董事拥有的股权达到 100% 时,独立董事将具有完全的监督积极性,合谋现象不复存在。

3.2 独立董事之间相互监督的博弈分析

纳什(Nash)发表的两篇关于非合作博弈的重要文章和塔克(Tucker)定义的"囚徒困境",基本上奠定了现代非合作博弈论的基石[94,95,97]。"囚徒困境"是博弈论中最著名的实例,在经济学、管理学、社会学、心理学中都可以找到它的踪影。中国证监会规定,上市公司中至少要包括两名独立董事。通过独立董事之间的相互监督,也可以降低独立董事与内部董事之间的合谋程度。为探究独立董事之间的相互制约以防止独立董事与内部董事之间的合谋,本节引入"囚徒困境"博弈机制阐释两名独立董事之间相互监督的机理[98]。

3.2.1 模型假设

假设 1:假设监督对独立董事来说不需要任何费用,由投资者支付监督成本,独立董事的保留效用为 w,所有的参与者都是风险中立的。

假设 2:内部董事有两种类型:高效率和低效率。在没有独立董事监督时,高效率内部董事可获得信息租金 π。内部董事承担有限责任,并且在任何情况下合约规定内部董事的收入为非负。

假设 3:为了减少高效率内部董事获得的信息租金 π,投资者可能以成本 w 聘用具有经济人属性的独立董事,且成本足够低,即 $w < \pi/2$。

假设 4:为了研究上的方便,只考虑独立董事的监督是"诚实"的与

"不诚实"的两种情况，不考虑"不诚实"的程度。如果独立董事不诚实，他将受到惩罚。

假设5：假定独立董事准确了解内部董事的私人信息。当独立董事得到内部董事的贿赂 B 时，他可能向委托人说谎，并且当委托人得到错误的信息报告时，内部董事享有租金。

假设6：假定内部董事能够提供任何他想提供的贿赂，但不超过他的租金（$B \leq \pi$）。

假设7：假定对独立董事的处罚 P 不超过 $\overline{P}$，即 $P \leq \overline{P}$，$\overline{P}$ 是通常的处罚标准，是一个常数，P 是阻止合谋的最小值。

假设8：设对独立董事的奖励 R 比租金 π 低（$R < \pi$）。假设当独立董事向投资者报告的信息是不诚实的信息时，独立董事得不到任何奖励；但当独立董事监督并揭露另一名独立董事与内部董事合谋时，该独立董事会得到奖励。

3.2.2 博弈顺序

（1）"自然"选择内部董事的类型，高效率内部董事获得信息租金 π，$\pi > 0$，低效率内部董事不会获得信息租金。

（2）委托人在一个契约下同时派出两名独立董事报告他们的监督情况。当内部董事是高效率时，根据两名独立董事的报告情况，委托人付报酬给诚实的独立董事，惩罚不诚实的独立董事，支付矩阵如表3-1所示。

表3-1　　　　　　　　不同独立董事的支付矩阵

项目		独立董事2	
		报告高效率	报告低效率
独立董事1	报告高效率	0, 0	R, $-P$
	报告低效率	$-P$, R	$-P$, $-P$

（3）两名独立董事观察内部董事的类型。

（4）内部董事向独立董事承诺，如果独立董事作出不真实的报告，独立董事将得到转移支付贿赂。

（5）两名独立董事同时报告。

（6）交易发生。

3.2.3 模型的构建与求解

当委托人同时聘用两名独立董事时，假如 $\overline{P} > \pi/2$，这时，委托人使两名独立董事进入"囚徒困境"，每名独立董事在诚实报告或不诚实报告之间进行选择，支付矩阵如表3-2所示。

表3-2　　　　　　　　　　两名不同独立董事的博弈支付

项目		独立董事2	
		诚实报告	不诚实报告
独立董事1	诚实报告	0, 0	R, B−P
	不诚实报告	B−P, R	B, B

由于内部董事具有个人理性，因此，一般来说，$B \leq \pi/2$。又由于 $\overline{P} > \pi/2$，$P \leq \overline{P}$，因此，P 可能大于 $\pi/2$（即 $P > \pi/2$ 可能成立）。为了保证策略组合（诚实报告，诚实报告）是一个纳什均衡，必须满足 $P \geq B$。

由于 $B \leq \pi/2$，一般地，$R > \pi/2$，并注意到委托人的预算约束（$R < \pi$），为了保证策略组合（不诚实报告，不诚实报告）不是一个纳什均衡，必须满足 $R > B$。

因此，如果两个条件 $P \geq B$、$R > B$ 同时满足，两名独立董事的博弈将有唯一一个纳什均衡点（诚实报告，诚实报告），投资者将得到一个真实的报告，这一结论的前提是独立董事因接受贿赂受到的惩罚要比接受的贿赂高一些。

3.3　本章小结

本章阐述了独立董事对内部董事监督行为中的博弈模型和独立董事之间相互监督的博弈模型，对博弈的均衡解进行了分析、讨论。分析结果表明：

（1）独立董事的监督强度随着制度约束的加强而递增。完善法律法规等各项制度，可以提高独立董事所受到的制度约束程度，从而提高独立董事履行监督职能的积极性。

（2）如果制度约束是完全的，那么，独立董事就将选择对内部董事实行完全的监督；但是，当制度约束不完全时，独立董事的监督积极性也是不完全的，独立董事倾向于同内部董事进行一定程度的合谋。

（3）选择对绩效边际效用较高的，尤其是声誉较高的独立董事，有助于提高独立董事的监督努力，降低合谋程度。

（4）提高独立董事对上市公司剩余收益的索取份额，或者说，让独立董事拥有上市公司的部分股权，将提高独立董事的监督积极性。特别地，当独立董事拥有上市公司100%的股权时，独立董事将具有完全的监督积极性，合谋现象不复存在。

（5）在合理的报酬和惩罚的情况下，投资者通过引入另外一名独立董事并且设计一个类似于囚徒困境的机制，可以促使两名独立董事相互监督，从而达到阻止合谋的效果。

第 4 章
独立董事激励机制设计

第 2 章和第 3 章分别研究了独立董事对内部董事监督行为中存在的问题，以及监督博弈过程。那么，如何解决存在的问题？有的观点试图从选举方面采取措施。但是，无论采取什么办法，董事会仍然摆脱不了代表大股东的内部董事的控制。大股东所掌握的大量股份决定了其在董事会的投票权和说话权。

本书认为，独立董事能否对内部董事进行有效的监督取决于对独立董事的激励机制的设计。

4.1 独董监督内董与对独董激励的关系

独立董事在上市公司董事会中主要起监督作用。本书研究独立董事对内部董事的监督行为中存在的问题，不仅如此，还要探讨解决问题的方式——对独立董事进行激励，目的是解决独立董事发挥监督作用问题。激励旨在防范合谋促进监督。

如果不对独立董事进行激励，独立董事能否认真有效地进行监督就成为一个问题。只有对独立董事进行充分激励，独立董事才能全力监督内部董事。没有正确的激励，也就没有有效的监督。激励是避免独立董事与内部董事合谋的不可缺少的重要环节。

监督内部董事是目的，激励独立董事是手段。整篇既研究"监督"这一"目的"，又论述"激励"这一"手段"，既研究"监督行为"这一"问题"，又研究"激励机制"这一"解决办法"。

独立董事对内部董事的监督与对独立董事的激励是密不可分的一个问题的两个方面，是"问题"与"解决办法"之间的关系，是一枚硬币的两面。两个方面都论述，才能把问题说清楚。如果只论述一面，就难免片面、难免偏颇。

研究"问题"不是本书的全部，解决"问题"是本书不可缺少的重要内容。研究"问题"是本书的出发点，解决"问题"是本书的归宿。对独立董事进行激励是为了促使独立董事对内部董事进行监督，是为了解决独立董事监督中存在的问题，是本书开出的治理独立董事的药方。

防范合谋促进监督的独立董事激励机制可基于委托-代理理论进行设计。委托-代理问题是信息经济学中的一个重要理论问题，起源于委托人与代理人之间的信息不对称。

在委托-代理理论中，激励机制问题实际上就是委托人与代理人在追求各自效用最大化过程中的均衡机制问题。委托人和代理人都追求自身效用最大化，二者的目标并不是完全一致。委托人的问题就是设计出代理人能够接受的一个方案，促使代理人在追求自身效用最大化的同时，实现委托人效用的最大化。

"激励"是指为追求某些既定目标、通过满足被激励对象的各种需要、激发或诱导其工作的积极性和主动性、使其为目标努力工作的制度安排[55]。简言之，激励就是通过一定的制度设计，使代理人和委托人的利益交集最大化，从而使代理人在实现自己目标的同时，也实现了委托人的目标。

"机制"一词来源于希腊文，本意是指机械运转过程中各个零部件之间的相互联系、互为因果的联结关系及运转方式。当把这个概念用于研究管理问题时，泛指一个复杂的工作系统中各个子系统的构造、功能和相互关系。

激励机制是指激励主体为使被激励对象与其目标趋向一致所设计的各种制度和契约的总和。

这里所说的独立董事的激励机制，是指上市公司及其投资者创造一种满足独立董事有关需要的条件，激发其监督内部董事的积极性和主动性，使之为投资者目标而努力发挥监督作用的各种制度和措施。

由于激励本身也是一种约束，某种机制的激励作用越大，约束作用也越大，因此，本书不对激励和约束做严格的划分。

4.2 委托－代理关系下激励机制的分析

威尔逊（Wilson）、斯宾塞（Spence）、泽克豪森（Zeckhauser）和罗斯（Ross）最早提出了"状态空间模型化方法"（state-space formulation），莫里斯（Mirrlees）、霍姆斯特姆（Holmstrom）提出使用"分布函数的参数化方法"（parameterized distribution formulation），张维迎做过详细阐述，本书运用这些方法对委托－代理关系下的激励机制进行分析。

4.2.1 委托－代理关系下激励机制框架

代理人所有可选择的行动的集合用 A 表示，e 表示代理人的一个特定的行动，一般可以看作是代理人的工作努力水平或努力程度，$e \in A$。θ 是不受委托人和代理人控制的外生随机变量，称为"自然状态"，θ 的取值范围是自然状态集合 Θ。如果 θ 是连续变量，则 $G(\theta)$ 和 $g(\theta)$ 分别是 θ 在 Θ 上的分布函数和概率密度函数；如果 θ 只取有限个可能值，则 $G(\theta)$ 和 $g(\theta)$ 分别是 θ 在 Θ 上的分布函数和概率分布。

代理人选择的特定的行动 e 和外生随机变量 θ 共同决定一个可观测的行动结果即产出 $\pi(e,\theta)$。委托人拥有 $\pi(e,\theta)$ 的所有权。假设 $\partial\pi/\partial e > 0$，$\partial^2\pi/\partial e^2 \leq 0$。$\partial\pi/\partial e$ 可以看作是行动 e 的边际产出，$\partial\pi/\partial e > 0$，$\partial^2\pi/\partial e^2 \leq 0$ 意味着行动 e 的边际产出为正数，并且边际产出是 e 的递减（或不增）函数。假设 $\partial\pi/\partial\theta > 0$，即较大的外生随机变量 θ 意味着比较有利的自然状态。委托

人支付给代理人的报酬函数 s 与代理人的产出 $\pi(e, \theta)$ 相关，用 $s(\pi)$ 表示。委托人在确定性条件下的效用函数是产出 $\pi(e, \theta)$ 的函数，用 $v[\pi - s(\pi)]$ 表示，其中，$v' > 0$，$v'' \leq 0$，即委托人是风险规避者（$v'' < 0$）或风险中性者（$v'' = 0$）。代理人在确定性条件下的效用函数是行动 e 和报酬 $s(\pi)$ 的函数，用 $u[s(\pi), e]$ 表示，其中，$\partial u / \partial s > 0$，$\partial^2 u / \partial s^2 \leq 0$，即代理人也是风险规避者（$\partial^2 u / \partial s^2 < 0$）或风险中性者（$\partial^2 u / \partial s^2 = 0$）。$e$ 可以被解释为代理人的努力程度，在大多数情况下，行动 e 给代理人带来的是负效用，因此，$\partial u / \partial e < 0$，$\partial^2 u / \partial e^2 > 0$。

委托－代理理论认为，在委托－代理关系中，委托人与代理人之间需要签订一个契约，委托－代理理论的目标就是设计这样一个契约，使得委托人能够根据所观测到的代理人的信息（information），按照契约来奖惩代理人，即委托人根据所观测到的代理人的信息确定向代理人支付报酬 $s(\pi)$，以激励代理人选择对委托人最有利的行动，使得委托人的效用最大。代理人的效用是行动 e 与结果 $\pi(e, \theta)$ 的函数。

按照"状态空间模型化方法"（state-space formulation）[66,99-101]，委托人的期望效用函数可以表述为：

$$\int v[\pi - s(\pi)] g(\theta) d\theta$$

代理人的期望效用函数可以表述为：

$$\int u[s(\pi), e] g(\theta) d\theta$$

委托人通过选择对代理人的支付函数 $s(\pi)$ 和代理人的行动 e，来最大化委托人的期望效用函数。委托人的问题可以表述为：

$$\max_{e, s(\pi)} \int v[\pi - s(\pi)] g(\theta) d\theta$$

但是委托人的最大化期望效用函数面临着代理人的两个约束：

第一个约束，是代理人的参与约束（participation constraint），是指代理人从接受合约中得到的期望效用不能小于不接受合约时能得到的最大期望效用。代理人"不接受合约时能得到的最大期望效用"由代理人面临的其他市场机会决定,可以称之为代理人的保留效用,用 $\bar{u}$ 代表。参与约束又称为个人理性约束(individual rationality constraint),可以如下表示:

$$(\text{IR}) \int u[s(\pi),e]g(\theta)\mathrm{d}\theta \geqslant \bar{u}$$

第二个约束,是代理人的激励相容约束(incentive compatibility constraint),是指由于委托人不能观测到代理人的行动 e 和自然状态 θ,在任何的激励合约下,代理人总是选择使自己的期望效用函数最大化的行动 e,从而任何委托人希望的行动 e 都只能通过代理人的期望效用最大化行为来实现。换言之,如果 e 是委托人希望的代理人采取的行动,e' 是代理人可选择的任何行动,$e \in A$,$e' \in A$,那么,只有当代理人从选择 e 中得到的期望效用不小于从选择 e' 中得到的期望效用时,代理人才会选择 e。激励相容约束可以如下表示:

$$(\text{IC}) \int u[s(\pi),e]g(\theta)\mathrm{d}\theta \geqslant \int u[s(\pi),e']g(\theta)\mathrm{d}\theta,\ (\forall e' \in A)$$

综合上述分析,委托人和代理人之间的激励约束问题可以如下表示:

$$\begin{cases} \max\limits_{e,s(\pi)} \int v[\pi - s(\pi)]g(\theta)\mathrm{d}\theta \\ \text{s. t.}\ (\text{IR}) \int u[s(\pi),e]g(\theta)\mathrm{d}\theta \geqslant \bar{u} \\ \qquad (\text{IC}) \int u[s(\pi),e]g(\theta)\mathrm{d}\theta \geqslant \int u[s(\pi),e']g(\theta)\mathrm{d}\theta,\ (\forall e' \in A) \end{cases}$$

"状态空间模型化方法"(state-space formulation)将委托人和代理人之间激励约束机制的详细技术关系非常直观地表达出来。但这种模型化方法比较复杂,在某种情况下,可能不存在最优解。解决办法是按照莫里斯(Mirrlees)和霍姆斯特姆(Holmstrom)提出的"分布函数的参数化方法"(parameterized distribution formulation)[102,103],将上述模型转化为一种更方便的等价模型。这种方法把产出 π 看作是随机变量,通过将自然状态 θ 的分布函数转化为产出 π 的分布函数,消除了随机变量 θ。即给定 θ 的分布函数 $G(\theta)$ 和密度函数 $g(\theta)$,对于每一个给定的行动 e,存在一个 π 的分布函数和概率密度函数,分别记为 $F(\pi,e)$ 和 $f(\pi,e)$。$F(\pi,e)$ 和 $f(\pi,e)$ 可以

从 $G(\theta)$ 和 $g(\theta)$ 以及 $\pi(e,\theta)$ 推导出来。e 不是随机变量，e 可以看作是参数。

在"状态空间模型化方法"中，θ 为随机变量，效用函数是对自然状态 θ 取期望值；在"分布函数的参数化方法"中，π 为随机变量，效用函数是对观测变量 π 取期望值。

这样，在"分布函数的参数化方法"中，委托人的期望效用函数可以表示为：

$$\int v[\pi - s(\pi)]f(\pi,e)\mathrm{d}\pi$$

代理人的期望效用函数可以表示为：

$$\int u[s(\pi),e]f(\pi,e)\mathrm{d}\pi$$

因此，委托人和代理人的关系模型即委托－代理模型可以如下表示：

$$\begin{cases}\max\limits_{e,s(\pi)}\int v[\pi-s(\pi)]f(\pi,e)\mathrm{d}\pi\\ \text{s.t. (IR)}\int u[s(\pi),e]f(\pi,e)\mathrm{d}\pi\geq\bar{u}\\ \text{(IC)}\int u[s(\pi),e]f(\pi,e)\mathrm{d}\pi\geq\int u[s(\pi),e']f(\pi,e')\mathrm{d}\pi,(\forall e'\in A)\end{cases}$$

委托－代理理论的实质就是选择委托人支付给代理人的报酬函数 $s(\pi)$ 与代理人的行动 e，使得委托人的期望效用函数最大化，同时满足代理人的两个约束条件：参与约束即个人理性约束（IR）和激励相容约束（IC）。

4.2.2 对称信息条件下激励机制理论构架

假定委托人知道产出 $\pi(e,\theta)$，如果委托人能够观测到代理人的行动 e 或自然状态 θ，就可以在事后根据产出 $\pi(e,\theta)$ 推测出自然状态 θ 或代理人的行动 e，这时，我们称委托人和代理人之间的信息是对称的。在信息对称条件下，委托人能够清楚地知道代理人选择的行为 e，委托人可以根据代理人采取的行动向代理人支付报酬、制定"强制性的"激励合约：只要代理人

选择行动 e，委托人就向代理人支付报酬 $s[\pi(e,\theta)]$，否则，委托人支付给代理人的报酬只能是 $s[\pi(e',\theta)]$，而 $s[\pi(e',\theta)]<s[\pi(e,\theta)]$，即下面不等式表示的激励相容约束条件自然成立：

$$\int u[s(\pi),e]f(\pi,e)\mathrm{d}\pi > \int u[s(\pi),e']f(\pi,e')\mathrm{d}\pi,\ (\forall e' \in A)$$

只要 $s[\pi(e',\theta)]$ 足够小，代理人就不会选择行动 e'，$e'\in A$，但 $e'\neq e$。通过上述"强制性的"激励合约，代理人的道德风险和激励约束问题就可以获得解决。因此，在信息对称条件下，代理人的激励相容约束不起作用，委托人和代理人之间的激励合约可以简化为：

$$\begin{cases} \max\limits_{e,s(\pi)} \int v[\pi-s(\pi)]f(\pi,e)\mathrm{d}\pi \\ \text{s.t. (IR)} \int u[s(\pi),e]f(\pi,e)\mathrm{d}\pi \geqslant \bar{u} \end{cases}$$

对上面两个函数构造拉格朗日函数如下：

$$L[s(\pi)] = \int v[\pi-s(\pi)]f(\pi,e)\mathrm{d}\pi + \lambda\{\int u[s(\pi),e]f(\pi,e)\mathrm{d}\pi - \bar{u}\}$$

因为 $f(\pi,e)$ 是概率密度函数，$\int f(\pi,e)\mathrm{d}\pi = 1$，所以，$\bar{u} = \int \bar{u}f(\pi,e)\mathrm{d}\pi$。

$$\begin{aligned} L[s(\pi)] &= \int v[\pi-s(\pi)]f(\pi,e)\mathrm{d}\pi + \lambda\{\int u[s(\pi),e]f(\pi,e)\mathrm{d}\pi - \bar{u}\} \\ &= \int v[\pi-s(\pi)]f(\pi,e)\mathrm{d}\pi + \lambda\int\{u[s(\pi),e]-\bar{u}\}f(\pi,e)\mathrm{d}\pi \\ &= \int\{v[\pi-s(\pi)] + \lambda\{u[s(\pi),e]-\bar{u}\}\}f(\pi,e)\mathrm{d}\pi \end{aligned}$$

对上式求最优一阶条件[104,105]，即积分号内的函数对报酬函数 $s(\pi)$ 的导数为零：

$$-v'[\pi-s^*(\pi)] + \lambda u'[s^*(\pi),e] = 0$$

从而拉格朗日乘数如下：

$$\lambda = \frac{v'[\pi-s^*(\pi)]}{u'[s^*(\pi),e]}$$

上式是帕累托最优条件的典型表达式。

上式说明：在信息对称和确定性条件下，委托人与代理人的边际效用之比是一个常数。

如果委托人和代理人都是严格风险规避的风险厌恶者，即 $v''<0$，$\partial^2 u/\partial s^2<0$，则委托人和代理人之间的最优合约要求双方都承担一定的风险；

如果委托人是严格风险规避的风险厌恶者，即 $v''<0$，而代理人是风险中性者，即 $\partial^2 u/\partial s^2=0$，则委托人和代理人之间的最优合约要求委托人不承担任何风险，所有的风险都由代理人承担；

如果委托人是风险中性者，即 $v''=0$，而代理人是严格风险规避的风险厌恶者，即 $\partial^2 u/\partial s^2<0$，则委托人和代理人之间的最优合约要求代理人不承担任何风险，所有的风险都由委托人承担；这时，委托人就可以通过制定强制性契约控制代理人的行为。

4.2.3　不对称信息条件下激励机制理论构架

如果委托人不能观测到代理人选择的行动 e 和外界的自然状态 θ，委托人只能观测到产出 $\pi(e,\theta)$，这时，我们称委托人与代理人之间的信息是不对称的。在信息不对称条件下，委托人要想实现自身的期望效用最大化，委托人就不仅要受到代理人参与约束（IR）的制约，而且要受到代理人激励相容约束（IC）的制约。此时，不论委托人怎样激励代理人，代理人都会采取使自身期望效用最大化的行动。委托人不可能再对代理人实施强制性合同、迫使代理人选择委托人希望的行动。委托人期望效用的最大化，只能通过使代理人采取使其自身期望效用最大化的行动来实现。代理人的激励相容约束条件发挥作用。换言之，委托人只能通过选择满足代理人参与约束和激励相容约束的对代理人的报酬函数 $s(\pi)$，才能使委托人自身期望效用函数最大化。

假设代理人的效用函数满足可加性，即 $u[s(\pi),e]=u_1[s(\pi)]-u_2(e)$，在大多数情况下，代理人的努力程度 e 给代理人带来的是负效用。此时，代理人的参与约束条件和激励相容约束条件可以表述为：

$$\int \{u_1[s(\pi)] - u_2(e)\} f(\pi, e) \mathrm{d}\pi \geq \bar{u}$$

$$\int \{u_1[s(\pi)] - u_2(e)\} f(\pi, e) \mathrm{d}\pi \geq$$

$$\int \{u_1[s(\pi)] - u_2(e')\} f(\pi, e') \mathrm{d}\pi, (\forall e' \in A)$$

由于 $\int f(\pi, e)\mathrm{d}\pi = 1$，所以，上面两式可以改写为：

$$\int u_1[s(\pi)] f(\pi, e)\mathrm{d}\pi - u_2(e) \geq \bar{u}$$

$$\int u_1[s(\pi)] f(\pi, e)\mathrm{d}\pi - u_2(e) \geq$$

$$\int u_1[s(\pi)] f(\pi, e')\mathrm{d}\pi - u_2(e'), (\forall e' \in A)$$

代理人的激励相容约束条件又可以表示为：

$$\max\left\{\int u_1[s(\pi)] f(\pi, e)\mathrm{d}\pi - u_2(e)\right\}, (\forall e \in A)$$

上式对 e 的一阶化条件为：

$$\int u_1[s(\pi)] f_e(\pi, e)\mathrm{d}\pi - u_2'(e) = 0$$

因此，不对称信息条件下的最优激励合约可以如下表示：

$$\begin{cases} \max_{e, s(\pi)} \int v[\pi - s(\pi)] f(\pi, e)\mathrm{d}\pi \\ \text{s. t. (IR)} \int u_1[s(\pi)] f(\pi, e)\mathrm{d}\pi - u_2(e) \geq \bar{u} \\ \quad\quad (\text{IC}) \int u_1[s(\pi)] f_e(\pi, e)\mathrm{d}\pi - u_2'(e) = 0, (\forall e \in A) \end{cases}$$

对上式构建拉格朗日函数如下：

$$L = \int v[\pi - s(\pi)] f(\pi, e)\mathrm{d}\pi + \lambda\left\{\int u_1[s(\pi)] f(\pi, e)\mathrm{d}\pi - u_2(e) - \bar{u}\right\}$$

$$+ \mu\left\{\int u_1[s(\pi)] f_e(\pi, e)\mathrm{d}\pi - u_2'(e)\right\}$$

其中，λ 和 μ 分别是参与约束和激励相容约束的拉格朗日乘数，并且 $\lambda > 0$，

$\mu > 0$ 成立。如果 $\lambda = 0$，则代理人的参与约束条件不起作用。但一般情况下，代理人的参与约束条件是起作用的，因此，$\lambda > 0$ 成立。

对上式求 s 的最优一阶条件，得出：

$$-v'[\pi - s(\pi)]f(\pi, e) + \lambda u_1'[s(\pi)]f(\pi, e) + \mu u_1'[s(\pi)]f_e(\pi, e) = 0$$

整理得：

$$\frac{v'[\pi - s(\pi)]}{u_1'[s(\pi)]} = \lambda + \mu \frac{f_e(\pi, e)}{f(\pi, e)}$$

当 $\mu = 0$，即代理人的激励相容约束条件不起作用时，上式右边为常数，委托人对代理人的激励合同 $s(\pi)$ 为帕累托最优风险分担合同，这就是前面已经讨论过的信息对称条件下的最优激励合约问题。

当 $\mu > 0$，即代理人的激励相容约束条件起作用时，上式右边不再是常数，委托人对代理人的激励合同 $s(\pi)$ 不可能达到帕累托最优风险分担合同，这就是信息不对称条件下的最优激励合约问题。

在不对称信息条件下，委托人不能观测到代理人选择的行动，无法了解代理人的努力水平，委托人只能观测到产出 $\pi(e, \theta)$。但是，委托人并不是直接根据产出 $\pi(e, \theta)$ 的值来推断代理人的努力程度，而是根据 $f_e(\pi, e)/f(\pi, e)$ 的值来推测代理人的努力程度。前面已经说明，$f(\pi, e)$ 是产出 π 的概率密度函数。因此，$f_e(\pi, e)/f(\pi, e)$ 是委托人根据观测到的产出 π 来推测代理人的努力程度的测度。委托人根据 $f_e(\pi, e)/f(\pi, e)$ 的值采取激励措施，对代理人进行奖惩，以激励代理人努力工作。

对于任意给定的 π，有：

$$\frac{\mathrm{d}}{\mathrm{d}s} \times \frac{v'[\pi - s(\pi)]}{u_1'[s(\pi)]} = \frac{-v''[\pi - s(\pi)]u_1'[s(\pi)] - u_1''v'}{\{u_1'[s(\pi)]\}^2}$$

通常委托人是风险规避者（$v'' < 0$）或风险中性者（$v'' = 0$），代理人是风险规避者（$\partial^2 u/\partial s^2 < 0$），即 $v'' \leqslant 0$，$u_1'' < 0$，而且 $v' > 0$，$u_1' > 0$，因此，

$$\frac{\mathrm{d}}{\mathrm{d}s} \times \frac{v'[\pi - s(\pi)]}{u_1'[s(\pi)]} = \frac{-v''[\pi - s(\pi)]u_1'[s(\pi)] - u_1''v'}{\{u_1'[s(\pi)]\}^2} \geqslant 0$$

所以，$\dfrac{v'[\pi - s(\pi)]}{u_1'[s(\pi)]}$ 是 s 的增函数。

当 $\dfrac{f_e(\pi,\ e)}{f(\pi,\ e)} \geqslant 0$ 时，

$$\frac{v'[\pi-s(\pi)]}{u_1'[s(\pi)]} = \lambda + \mu \frac{f_e(\pi,\ e)}{f(\pi,\ e)} \geqslant \lambda = \frac{v'[\pi-s^*(\pi)]}{u'[s^*(\pi),\ e]}$$

因此，$s(\pi) \geqslant s^*(\pi)$，此时，委托人对代理人进行奖励；

当 $\dfrac{f_e(\pi,\ e)}{f(\pi,\ e)} < 0$ 时，

$$\frac{v'[\pi-s(\pi)]}{u_1'[s(\pi)]} = \lambda + \mu \frac{f_e(\pi,\ e)}{f(\pi,\ e)} < \lambda = \frac{v'[\pi-s^*(\pi)]}{u'[s^*(\pi),\ e]}$$

因此，$s(\pi) < s^*(\pi)$，此时，委托人对代理人进行惩罚。

4.3 独立董事激励机制设计与分析

按照上节对委托－代理关系下激励机制的分析，本节对独立董事的激励机制进行设计与分析。

4.3.1 独立董事激励机制设计基本框架

独立董事的工作努力水平或努力程度用 e 表示，$e \in A$，A 是独立董事所有可选择的行动的集合；θ 是外生随机变量，表示外界自然状态，其概率密度函数用 $g(\theta)$ 表示；独立董事的努力成果或绩效用 π 表示，产出 π 与独立董事的努力程度 e 高度正相关，也受自然状态 θ 的影响，函数 π 可以表示为 $\pi = \pi(e, \theta)$；假设 π 是 e 的严格递增的凹函数，即 $\partial \pi/\partial e > 0$，$\partial^2 \pi/\partial e^2 \leqslant 0$，这意味着绩效随着努力程度的增加而提高，但提高的速率是下降的。假设 π 是 θ 的严格增函数，即 $\partial \pi/\partial \theta > 0$，表示 θ 越大，外界的随机环境对于产出就越有利。投资者支付给独立董事的报酬用 s 表示，s 与独立董事的产出 π 相关，即 $s = s(\pi) = s[\pi(e, \theta)]$。投资者的效用函数是产出 π 和支付给独立董

事的报酬 s 的函数，可以表示为 $v(e, \theta, S) = \pi(e, \theta) - S[\pi(e, \theta)]$。按照"状态空间模型化方法"（state-space formulation），投资者的期望效用函数可表示如下：

$$E(v) = \int v(e, \theta, S) g(\theta) \mathrm{d}\theta \qquad (4-1)$$

独立董事的效用函数是努力程度 e 和报酬 $s(\pi)$ 的函数，可以表示为 $u(e, \theta, S)$。

独立董事的期望效用函数表示如下：

$$E(u) = \int u(S, e, \theta) g(\theta) \mathrm{d}\theta \qquad (4-2)$$

投资者通过选择对独立董事的报酬函数 $S(\pi)$ 和独立董事的努力水平 e，来最大化投资者的期望效用函数。投资者的问题可以表述为：

$$\max_{e, s(\pi)} E(v) = \max_{e, s(\pi)} \int v(S, e, \theta) g(\theta) \mathrm{d}\theta$$

但是，投资者的最大化期望效用函数面临着独立董事的两个约束条件的制约：

第一个约束条件是独立董事的参与约束（participation constraint），又称为个人理性约束（individual rationality constraint），是指独立董事从接受合约中得到的期望效用不能小于不接受合约时能得到的最大期望效用。独立董事"不接受合约时能得到的最大期望效用"由独立董事面临的其他市场机会决定，可以称之为独立董事的保留效用，用 $\bar{u}$ 代表。参与约束条件（IR）可以表示为：

$$(\mathrm{IR}) E(u) = \int u(S, e, \theta) g(\theta) \mathrm{d}\theta \geq \bar{u}$$

第二个约束条件是独立董事的激励相容约束（incentive compatibility constraint），是指由于投资者不能直接观测到独立董事的努力程度，在任何的激励合约下，独立董事总是选择使自己的期望效用函数最大化的努力水平，从而投资者希望的任何结果都只能通过独立董事的期望效用最大化行为来实现。换言之，如果 e^* 是投资者希望的独立董事采取的行动，e 是独立董事可选择的任何行动，那么，只有当独立董事从选择e^*中得到的期望效用不小于从选择e中得到的期望效用时，独立董事才会选择e^*。激励相容约束（IC）可以表示如下：

$$(\text{IC})Eu(S,e^*,\theta) \geq Eu(S,e,\theta), (\forall e \in A)$$

综合上述分析，投资者与独立董事之间最优激励契约的基本框架可以表示如下：

$$\begin{cases} \max_{e,s(\pi)} E(v) = \max_{e,s(\pi)} \int v(S,e,\theta)g(\theta)\mathrm{d}\theta \\ \text{s.t. (IR)} E(u) = \int u(S,e,\theta)g(\theta)\mathrm{d}\theta \geq \bar{u} \\ \quad\quad (\text{IC})Eu(S,e^*,\theta) \geq Eu(S,e,\theta), (\forall e \in A) \end{cases}$$

4.3.2　对称信息条件下独董激励机制设计

4.3.2.1　对称信息情况下激励机制目标函数

信息对称是指投资者和独立董事所掌握的信息、对事物的了解是完全相同的。在信息对称条件下，投资者知道产出$\pi(e,\theta)$，并能够观测到独立董事的行动选择e或外界自然状态θ，这时，投资者可以根据独立董事选择的行动e制定强制性的激励合约，要求独立董事接受这一激励合约并选择最优的努力行动。通过强制性的激励合约，独立董事的道德风险和激励约束问题就可以获得解决。因此，在信息对称条件下，独立董事的激励相容约束条件失去作用，只有参与约束条件起作用，这时，激励合约设计的要求如下式所示：

$$\begin{cases} \max_{e,s(\pi)} E(v) = \max \int v(e,\theta,s)g(\theta)\mathrm{d}\theta \\ \quad\quad\quad\quad\quad = \int \{\pi(e,\theta) - s[\pi(e,\theta)]\}g(\theta)\mathrm{d}\theta \\ \text{s.t. } E(u) = \int u(e,\theta,s)g(\theta)\mathrm{d}\theta \geq \bar{u} \end{cases} \quad (4-3)$$

4.3.2.2 对称信息情况下激励机制特征

假设独立董事的行动 e 给定,则最优激励合约就是要求解最优报酬函数 $s^*(\pi)$。e 给定后,可以将产出 π 看作随机变量,最优激励合约可以表示简化为:

$$\begin{cases} \max\limits_{s(\pi)} \int v[\pi - s(\pi)]f(\pi, e)\mathrm{d}\pi \\ \text{s.t.} \int u[s(\pi), e]f(\pi, e)\mathrm{d}\pi \geq \bar{u} \end{cases} \quad (4-4)$$

构造拉格朗日函数如下:

$$L[s(\pi)] = \int v[\pi - s(\pi)]f(\pi, e)\mathrm{d}\pi + \lambda\left\{\int u[s(\pi), e]f(\pi, e)\mathrm{d}\pi - \bar{u}\right\} \quad (4-5)$$

对 $s(\pi)$ 求最优一阶条件,得:

$$-v'[\pi - s^*(\pi)] + \lambda u'[s^*(\pi), e] = 0 \quad (4-6)$$

拉格朗日乘数如下:

$$\lambda = \frac{v'[\pi - s^*(\pi)]}{u'[s^*(\pi), e]} \quad (4-7)$$

这说明,在信息对称条件下,投资者与独立董事的边际效用之比是一个常数。设 π_1 和 π_2 分别是两个不同的产出水平,由上式可知:

$$\lambda = \frac{v'[\pi_1 - s(\pi_1)]}{u'[s(\pi_1), e]} = \frac{v'[\pi_2 - s(\pi_2)]}{u'[s(\pi_2), e]}$$

导出:

$$\frac{v'[\pi_1 - s(\pi_1)]}{v'[\pi_2 - s(\pi_2)]} = \frac{u'[s(\pi_1), e]}{u'[s(\pi_2), e]} \quad (4-8)$$

即,在对称信息情况下,不同产出条件下收入的边际效用替代率对投资者和独立董事是完全相同的,这正是帕累托最优条件的特征。

4.3.2.3 对称信息情况下激励机制的形式

最优化条件 [公式(4-7)] 给出了最优的报酬函数 $s^*(\pi)$,在公式

(4-7) 中对 π 求导，可得：

$$-v''\left(1-\frac{\mathrm{d}s^*}{\mathrm{d}\pi}\right)+\lambda u''\frac{\mathrm{d}s^*}{\mathrm{d}\pi}=0 \quad (4-9)$$

将 $\lambda=\frac{v'}{u'}$ 代入公式（4-9），得

$$\frac{\mathrm{d}s^*}{\mathrm{d}\pi}=\frac{v''u'}{v''u'+u''v'} \quad (4-10)$$

引入 Arrow-Pratt 绝对风险厌恶系数。投资者的 Arrow-Pratt 绝对风险厌恶系数定义为 $r_p=-v''/v'$，独立董事的 Arrow-Pratt 绝对风险厌恶系数定义为 $r_a=-u''/u'$。则可以将公式（4-10）整理为：

$$\frac{\mathrm{d}s^*}{\mathrm{d}\pi}=\frac{r_p}{r_p+r_a} \quad (4-11)$$

上式表明：对称信息条件下的最优风险分担合约与投资者及独立董事的风险厌恶程度存在密切关系。当投资者和独立董事都是风险规避者时，由于 $v'>0$，$v''<0$，$u'>0$，$u''<0$，因此，$r_p>0$，$r_a>0$，$0<r_p/(r_p+r_a)<1$，即 $0<\mathrm{d}s^*/\mathrm{d}\pi<1$。

$0<\mathrm{d}s^*/\mathrm{d}\pi<1$ 表明，投资者支付给独立董事的报酬函数 $s^*(\pi)$ 随产出 π 的增长而增长，但是报酬函数 $s^*(\pi)$ 增长的幅度小于产出 π 增长的幅度。这表明，投资者和独立董事之间的最优合约要求双方都承担一定的风险。

当投资者和独立董事的绝对风险厌恶态度恒定不变时，r_p、r_a 都是常数，$r_p/(r_p+r_a)$ 也是常数，对公式（4-11）进行积分，得：

$$s^*(\pi)=\alpha+\frac{r_p}{r_p+r_a}\times\pi \quad (4-12)$$

其中，α 是积分常数。公式（4-12）表明：最优激励合约 $s^*(\pi)$ 是产出 π 的线性函数。最优激励合约由两个部分组成：一部分，是与独立董事的努力结果 π 无关的固定值 α；另一部分，与独立董事的努力结果 π 成正比，并且这部分和投资者的绝对风险厌恶系数 r_p、独立董事的绝对风险厌恶系数 r_a，以及外界的自然状态 θ 相关。投资者对风险的厌恶程度越大，这部分的系数 $r_p/(r_p+r_a)$ 越大；独立董事对风险的厌恶程度越大，这部分的系数 $r_p/(r_p+$

r_a）越小。公式（4 – 12）表明，独立董事的报酬函数与公司的绩效密切相关。

特殊地，如果独立董事是风险中性者，独立董事只关心平均净收益而不在乎收益的波动，即 $u''=0$，则 $r_a=0$，此时，公式（4 – 12）变为：

$$s^*(\pi) = \alpha + \pi \qquad (4-13)$$

公式（4 – 13）可以改写为：

$$s^*(\pi) = \pi - (-\alpha) \qquad (4-14)$$

由此，

$$(-\alpha) = \pi - s^*(\pi) \qquad (4-15)$$

此时，$\pi - s^*(\pi) = (-\alpha)$ 是固定值，报酬 $s^*(\pi)$ 与产出 π 的变化幅度相同，两者同时升降。这表明，风险中性的独立董事自己承担收入波动的全部风险，而投资者获得固定的收入。

特殊地，如果投资者是风险中性者，投资者只关心平均净收益而不在乎收益的波动，即 $v''=0$，则 $r_p=0$，此时，公式（4 – 12）变为：

$$s^*(\pi) = \alpha \qquad (4-16)$$

报酬 $s^*(\pi)$ 与产出 π 无关，这表明，风险中性的投资者支付给风险规避的独立董事固定的报酬，而投资者自己承担收入波动的全部风险。即：只有投资者和公司不在乎风险，才支付给独立董事固定的报酬。但事实上，投资者和公司并不是风险中性者，投资者和公司都千方百计地规避风险，因此，支付给独立董事固定的报酬并不合理。

4.3.3 不对称信息条件下独董激励机制设计

所谓不对称信息，是指独立董事在某一方面拥有"私人信息"，这些信息只有独立董事自己了解，投资者不了解或由于信息成本过高等因素而无法了解。由于信息不对称，投资者无法准确测算出独立董事的监督努力程度。因此，对独立董事来讲，参与约束和激励相容约束同时发挥作用。下面的设计同时考虑到独立董事的监督强度和同一行业内其他上市公司业绩增量的影响。

4.3.3.1 模型假设

投资者作为委托人,拥有企业所有权和剩余索取权;独立董事作为代理人,拥有公司决策权,按契约规定分享剩余。为便于分析,作如下假设。

假设1:假定企业的产出函数是线性形式,用 $\pi = ke + \varepsilon$ 表示,其中,ε 是一个随机变量,代表市场的不确定因素等,ε 服从均值为 0、方差为 δ_ε^2 的正态分布,记为 $\varepsilon \sim N(0, \delta_\varepsilon^2)$。$k$ 表示独立董事的监督能力,称为监督能力系数,对于不同的独立董事,k 越大,表示监督能力越强。则 $E\pi = E(ke + \varepsilon) = ke$,$\text{Var}(\pi) = \text{Var}(ke + \varepsilon) = \delta_\varepsilon^2$。

假设2:假定投资者是风险中性者,独立董事是风险规避者,那么,投资者的绝对风险厌恶系数 $r_p = 0$,独立董事的绝对风险厌恶系数 $r_a > 0$,独立董事承担的风险成本为 $\frac{1}{2} r_a \text{Var}(S)$。假定独立董事的监督成本(努力工作所付出的成本)为 $C(e) = \frac{1}{2} be^2$,其中,b 是监督成本(努力成本)系数,b 越大,同样的监督努力程度 e 带来的负效用越大。假定,$\partial C/\partial e > 0$,$\partial^2 C/\partial e^2 > 0$,即,付出的监督努力 e 越大,监督成本越大,并且,监督成本随着监督努力增大的速率是递增的。

假设3:由于没有证据表明非线性的报酬函数比线性的报酬函数好,因此,假定投资者设计的对独立董事的激励契约为 $S(\pi) = \alpha + \beta(\pi + \lambda \Delta y)$,其中,$S(\pi)$ 是独立董事的报酬收入,α 是独立董事的固定报酬,β 是独立董事对产出的分享系数。如果 $\beta = 0$,意味着独立董事只获得固定报酬,不承担公司的任何风险;如果 $\beta = 1$,意味着独立董事承担公司的全部风险。一般情况下,满足 $0 \leq \beta < 1$。y 是该上市公司所在行业内另一上市公司的业绩水平,其增量 Δy 与市场不确定因素 ε 和该企业产出 π 相关。假定 Δy 服从正态分布,记作 $\Delta y \sim N(0, \delta_{\Delta y}^2)$。$\lambda$ 表示独立董事的报酬 $S(\pi)$ 与 Δy 的关系。

假设4:独立董事在参与公司决策过程中,需要对公司和市场的状况进行调研,调研成本与调研规模相关,而调研规模与公司的产出成比例,因此,

假设调研成本为 $q\pi$，q 是单位产出需要付出的调研成本，满足 $0 \leq q \leq 1$。假设由独立董事承担的调研成本的比例为 p，$0 \leq p \leq 1$，独立董事承担的调研成本为 $pq\pi$，投资者承担的调研成本为 $(1-p)q\pi$。当 $p=0$ 时，意味着投资者承担全部调研成本；当 $p=1$ 时，意味着独立董事承担全部调研成本。

4.3.3.2　方案设计

在上述假设的基础上，投资者的期望效用函数为：

$$\begin{aligned} Ev(S, e, \theta) &= E[\pi - S(\pi) - (1-p)q\pi] \\ &= E\{\pi - [\alpha + \beta(\pi + \lambda\Delta y)] - (1-p)q\pi\} \\ &= -\alpha + (1-\beta)E(\pi) - (1-p)qE(\pi) - \beta\lambda E(\Delta y) \\ &= -\alpha + (1-\beta)ke - (1-p)qke \end{aligned}$$

独立董事的期望效用函数为：

$$\begin{aligned} Eu(S, e, \theta) &= E\left[S(\pi) - C(e) - pq\pi - \frac{1}{2}r_a \text{Var}(S)\right] \\ &= E\left\{[\alpha + \beta(\pi + \lambda\Delta y)] - \frac{1}{2}be^2 - pq\pi - \frac{1}{2}r_a\text{Var}[\alpha + \beta(\pi + \lambda\Delta y)]\right\} \\ &= \alpha + \beta \times E(\pi) - \frac{1}{2}be^2 - pq \times E(\pi) + \beta\lambda E(\Delta y) \\ &\quad - \frac{1}{2}r_a\beta^2 \text{Var}(\pi + \lambda\Delta y) \\ &= \alpha + \beta ke - \frac{1}{2}be^2 - pqke - \frac{1}{2}r_a\beta^2[\text{Var}(\pi) + \lambda^2\text{Var}(\Delta y) \\ &\quad + 2\lambda \text{Cov}(\pi, \Delta y)] \\ &= \alpha + \beta ke - \frac{1}{2}be^2 - pqke - \frac{1}{2}r_a\beta^2[\delta_\varepsilon^2 + \lambda^2\delta_{\Delta y}^2 + 2\lambda\text{Cov}(\pi, \Delta y)] \end{aligned}$$

独立董事的激励相容约束可以表示为：

$$\max_e Eu(S, e, \theta) = \max_e \left\{\alpha + \beta ke - \frac{1}{2}be^2 - pqke \right. \\ \left. - \frac{1}{2}r_a\beta^2[\delta_\varepsilon^2 + \lambda^2\delta_{\Delta y}^2 + 2\lambda\text{Cov}(\pi, \Delta y)]\right\} \quad (4-17)$$

在公式（4-17）中求对 e 的一阶条件，得：

$$\beta k - be - pqk = 0$$

$$e = \frac{\beta k - pqk}{b} \tag{4-18}$$

因此，投资者对独立董事的激励契约可以描述为：

$$\begin{cases} \max_{e,s(\pi)} E(v) = \max_{e,\alpha,\beta} [-\alpha + (1-\beta)ke - (1-p)qke] \\ \text{s.t. (IR)} \alpha + \beta ke - \frac{1}{2}be^2 - pqke - \frac{1}{2}r_a\beta^2[\delta_\varepsilon^2 + \lambda^2\delta_{\Delta y}^2 + 2\lambda\text{Cov}(\pi, \Delta y)] \geq \bar{u} \\ \text{(IC)} e = (\beta k - pqk)/b, (\forall e \in A) \end{cases}$$

$$(4-19)$$

其中，$\bar{u}$ 是独立董事的保留效用。

在信息不对称条件下，独立董事的监督努力程度无法直接观测，参与约束条件中等式成立，即，

$$\alpha + \beta ke - \frac{1}{2}be^2 - pqke - \frac{1}{2}r_a\beta^2[\delta_\varepsilon^2 + \lambda^2\delta_{\Delta y}^2 + 2\lambda\text{Cov}(\pi, \Delta y)] = \bar{u}$$

$$(4-20)$$

将以等式表示的参与约束条件［公式（4-20）］和激励相容约束条件［公式（4-19）中的 IC］代入投资者期望效用最大化函数［公式（4-19）中的最大化函数］，消去 α、e，得：

$$\max_{e,\alpha,\beta}[-\alpha + (1-\beta)ke - (1-p)qke] = \max_{\beta}\left\{k\left(\frac{\beta k - pqk}{b}\right) - qk\left(\frac{\beta k - pqk}{b}\right)\right.$$
$$\left. - \frac{1}{2}b\left(\frac{\beta k - pqk}{b}\right)^2 - \frac{1}{2}r_a\beta^2[\delta_\varepsilon^2 + \lambda^2\delta_{\Delta y}^2\right.$$
$$\left. + 2\lambda\text{Cov}(\pi, \Delta y)] \quad \bar{u}\right\} \tag{4-21}$$

在公式（4-21）中对 β 求最优化一阶条件，得：

$$\beta^* = \frac{k^2[(1-q) + pq]}{k^2 + r_ab[\delta_\varepsilon^2 + \lambda^2\delta_{\Delta y}^2 + 2\lambda\text{Cov}(\pi, y)]} \tag{4-22}$$

将参与约束条件［公式（4-20）］对 λ 求一阶条件，得：

$$\lambda\delta_{\Delta y}^2 + \text{Cov}(\pi, \Delta y) = 0$$

$$\lambda = -\text{Cov}(\pi, \Delta y)/\delta_{\Delta y}^2 \qquad (4-23)$$

将公式（4-23）代入公式（4-22），得：

$$\beta^* = \frac{k^2[(1-q)+pq]}{k^2 + r_a b[\delta_\varepsilon^2 - \text{Cov}^2(\pi, \Delta y)/\delta_{\Delta y}^2]} \qquad (4-24)$$

将公式（4-24）代入公式（4-18），得

$$e^* = \frac{k\{(1-q)k^2 - r_a bpq[\delta_\varepsilon^2 - \text{Cov}^2(\pi, \Delta y)/\delta_{\Delta y}^2]\}}{b\{k^2 + r_a b[\delta_\varepsilon^2 - \text{Cov}^2(\pi, \Delta y)/\delta_{\Delta y}^2]\}} \qquad (4-25)$$

公式（4-24）中的 β^* 是投资者设计的独立董事最优产出分享系数，公式（4-25）中 e^* 是在此激励条件下的独立董事最优监督努力程度。

4.3.3.3 分析与讨论

根据上述结果，分析、讨论如下：

（1）假设该上市公司的产出与所在行业内其他上市公司的产出关系不大，因此，可以认为 $\text{Cov}(\pi, \Delta y) = 0$。此时，$\lambda = 0$。这表明，其他上市公司的业绩增量 Δy 并不提供该独立董事的任何信息，因此，不用将 Δy 写入独立董事的激励契约。激励契约 $S(\pi) = \alpha + \beta\pi$。由此，公式（4-24）和公式（4-25）变为：

$$\beta^* = \frac{k^2[(1-q)+pq]}{k^2 + r_a b\delta_\varepsilon^2} \qquad (4-26)$$

$$e^* = \frac{k[(1-q)k^2 - r_a bpq\delta_\varepsilon^2]}{b(k^2 + r_a b\delta_\varepsilon^2)} \qquad (4-27)$$

对公式（4-26）进行分析可得如下结论：

结论 1：$\partial\beta/\partial r_a < 0$，$\partial\beta/\partial\delta_\varepsilon^2 < 0$，表明独立董事的产出分享系数 β 随着其绝对风险厌恶系数 r_a 或外生随机变量方差 δ_ε^2 的增大而减小。r_a 或 δ_ε^2 越大，风险成本 $\frac{1}{2}r_a\beta^2\delta_\varepsilon^2$ 就越高，因此，最优风险分担系数 β 就越小。

结论 2：$\partial\beta/\partial b < 0$，表明最优产出分享系数 β 随着监督努力成本系数 b 的增大而减小；由公式（4-18）可知，监督努力成本系数 b 越大，若要想独立董事选择同样的监督努力水平 e，股东所给出的产出分享系数 β 就应该

越大，但与此同时，风险成本就越高。因此，独立董事宁愿选择较低的监督努力水平，也不愿承担太大的风险成本。

结论3：$\partial\beta/\partial k^2 >0$，$\partial\beta/\partial p >0$，表明独立董事监督能力越强或其分担的调研成本比例越大，独立董事对产出的分享系数 β 就应该越大，即投资者对独立董事的激励强度就应该越大。

结论4：$\partial\beta/\partial q <0$，表明独立董事的产出分享系数 β 随着调研成本在公司产出中的比重 q 的增大而减小。

（2）假设该上市公司的产出与所在行业内其他上市公司的产出正相关，即 $\mathrm{Cov}(\pi,\Delta y)>0$。由公式（4-23）可知，此时，$\lambda<0$。

如果 $\Delta y>0$，则 $\alpha+\beta(\pi+\lambda\Delta y)<\alpha+\beta\pi$。说明投资者应该减少对独立董事的报酬激励。原因可能是上市公司处于较好的市场环境而不是因为独立董事付出了高水平的监督努力。

如果 $\Delta y<0$，则 $\alpha+\beta(\pi+\lambda\Delta y)>\alpha+\beta\pi$。说明投资者应该增加对独立董事的报酬激励。原因可能是上市公司处于较差的市场环境因而需要独立董事付出高水平的监督努力。

（3）假设该上市公司的产出与所在行业内其他上市公司的产出负相关，即 $\mathrm{Cov}(\pi,\Delta y)<0$。由公式（4-23）可知，此时，$\lambda>0$。

如果 $\Delta y>0$，则 $\alpha+\beta(\pi+\lambda\Delta y)>\alpha+\beta\pi$。说明投资者应该增加对独立董事的报酬激励。原因可能是上市公司处于较差的市场环境因而需要独立董事付出高水平的监督努力。

如果 $\Delta y<0$，则 $\alpha+\beta(\pi+\lambda\Delta y)<\alpha+\beta\pi$。说明投资者应该减少对独立董事的报酬激励。原因可能是上市公司处于较好的市场环境而不是因为独立董事付出了高水平的监督努力。

总之，通过上面的分析可得出如下结论：

在设计的独立董事最优激励合约中，独立董事的最优激励系数为 $\beta^{*}=\dfrac{k^{2}[(1-q)+pq]}{k^{2}+r_{a}b[\delta_{\varepsilon}^{2}-\mathrm{Cov}^{2}(\pi,\Delta y)/\delta_{\Delta y}^{2}]}$。由分析可以看到，投资者在设计对独立董事的激励机制时，要综合考虑各种因素。例如：独立董事的监督能力系数 k，

监督努力成本系数 b，绝对风险厌恶系数 r_a，调研成本分担比例 p，与同行业其他上市公司产出的相关程度，等等[66,106]。对于监督能力强或调研成本分担比例大的独立董事，投资者施加的激励强度应该大一些；对于监督努力成本大或者绝对风险厌恶系数大的独立董事，投资者施加的激励强度应该小一些。

4.4 加入监控机制的独董激励框架扩展

本节在委托-代理激励理论基础上，加入监控机制，尝试对激励机制的理论框架进行扩展。

虽然投资者无法准确观察到独立董事是否努力，但是，投资者可以观察到与独立董事的监督努力程度相关的一些监控信号。因此，投资者可以根据观察到的产出和监控信号，设计对独立董事的激励机制。本节同时考虑到独立董事的监督能力和监控信号系数。

4.4.1 模型假设

投资者作为委托人，拥有企业所有权和剩余索取权；独立董事作为代理人，拥有公司决策权，按契约规定分享剩余。为便于分析，作如下假设：

假设1：假定企业的产出函数是线性形式，用 $\pi = ke + \varepsilon$ 表示，其中，ε 是一个随机变量，代表市场的不确定因素等，ε 服从均值为0、方差为 δ_ε^2 的正态分布，记为 $\varepsilon \sim N(0, \delta_\varepsilon^2)$。$k$ 表示独立董事的监督能力，称为监督能力系数；对于不同的独立董事，k 越大，表示监督能力越强。则 $E\pi = E(ke + \varepsilon) = ke$，$\mathrm{Var}(\pi) = \mathrm{Var}(ke + \varepsilon) = \delta_\varepsilon^2$。

假设2：假设监控信号 S_m 与独立董事的监督努力程度 e 正相关，可以表示为 $S_m = he + \sigma$，其中，σ 是一个随机变量，代表监控信号的准确程度，σ 服从均值为0、方差为 δ_σ^2 的正态分布，记为 $\sigma \sim N(0, \delta_\sigma^2)$。$h$ 表示监控信号

S_m 与独立董事的监督努力程度 e 的相关程度,可以称之为监控信号系数。则 $E(S_m) = E(he + \sigma) = he$,$\mathrm{Var}(S_m) = \mathrm{Var}(he + \sigma) = \delta_\sigma^2$。

假设3:假设产出 π 和监控信号 S_m 相互独立,因此,$\mathrm{Cov}(\pi, S_m) = 0$。

假设4:假定投资者是风险中性者,独立董事是风险规避者,那么,投资者的绝对风险厌恶系数 $r_p = 0$,独立董事的绝对风险厌恶系数 $r_a > 0$,独立董事承担的风险成本为 $\frac{1}{2}r_a \mathrm{Var}(S)$。假定独立董事努力监督所付出的成本为 $C(e) = \frac{1}{2}be^2$,其中,b 是监督努力成本系数,b 越大,同样的监督努力程度 e 带来的负效用越大。假定,$\partial C/\partial e > 0$,$\partial^2 C/\partial e^2 > 0$,即,付出的监督努力 e 越大,成本越大,并且,成本随着监督努力增大的速率是递增的;

假设5:由于没有证据表明非线性的报酬函数比线性的报酬函数好,因此,假定投资者设计的对独立董事的激励契约为 $S(\pi) = \alpha + \beta\pi + \gamma S_m$,其中,$S(\pi)$ 是独立董事的报酬收入,α 是独立董事的固定报酬,β 是独立董事对产出的分享系数。如果 $\beta = 0$,意味着独立董事不承担公司的任何风险;如果 $\beta = 1$,意味着独立董事承担公司的全部风险。一般情况下,满足 $0 \leq \beta < 1$。γ 表示根据监控信号支付给独立董事的报酬比例。

4.4.2 模型构建与模型求解

在上述假设的基础上,投资者的期望效用函数为:

$$\begin{aligned}
Ev(S, e, \theta) &= E[\pi - S(\pi)] = E[\pi - (\alpha + \beta\pi + \gamma S_m)] \\
&= -\alpha + (1-\beta)E(\pi) - \gamma E(S_m) \\
&= -\alpha + (1-\beta)he - \gamma he
\end{aligned}$$

独立董事的期望效用函数为:

$$\begin{aligned}
Eu(S, e, \theta) &= E\left[S(\pi) - C(e) - \frac{1}{2}r_a \mathrm{Var}(S)\right] \\
&= E[(\alpha + \beta\pi + \gamma S_m) - \frac{1}{2}be^2 - \frac{1}{2}r_a \mathrm{Var}(\alpha + \beta\pi + \gamma S_m)]
\end{aligned}$$

$$= \alpha + \beta E(\pi) - \frac{1}{2}be^2 + \gamma E(S_m) - \frac{1}{2}r_a[\beta^2 \text{Var}(\pi) + \gamma^2 \text{Var}(S_m)$$

$$+ 2\beta\gamma \text{Cov}(\pi, S_m)]$$

$$= \alpha + \beta ke - \frac{1}{2}be^2 + \gamma he - \frac{1}{2}r_a\beta^2 \text{Var}(\pi) - \frac{1}{2}r_a\gamma^2 \text{Var}(S_m)$$

$$= \alpha + \beta ke - \frac{1}{2}be^2 + \gamma he - \frac{1}{2}r_a\beta^2\delta_\varepsilon^2 - \frac{1}{2}r_a\gamma^2\delta_\sigma^2$$

独立董事的激励相容约束可以表示为：

$$\max_e Eu(S, e, \theta) = \max_e \left[\alpha + \beta ke - \frac{1}{2}be^2 + \gamma he - \frac{1}{2}r_a\beta^2\delta_\varepsilon^2 - \frac{1}{2}r_a\gamma^2\delta_\sigma^2 \right] \quad (4-28)$$

在公式（4-28）中求对 e 的一阶条件，得：

$$\beta k - be + \gamma h = 0$$

$$e = \frac{k\beta + h\gamma}{b} \quad (4-29)$$

因此，投资者对独立董事的激励契约可以描述为：

$$\begin{cases} \max_{e,s(\pi)} E(v) = \max_{e,\alpha,\beta,\gamma} \left[-\alpha + (1-\beta)ke - \gamma he \right] \\ \text{s. t. (IR)} \alpha + \beta ke - \frac{1}{2}be^2 + \gamma he - \frac{1}{2}r_a\beta^2\delta_\varepsilon^2 - \frac{1}{2}r_a\gamma^2\delta_\sigma^2 \geq \bar{u} \\ \text{(IC)} e = \frac{k\beta + h\gamma}{b} \end{cases} \quad (4-30)$$

其中，$\bar{u}$ 是独立董事的保留效用。

在信息不对称条件下，独立董事的监督努力程度无法直接观测，参与约束条件中等式成立，即，

$$\alpha + \beta ke - \frac{1}{2}be^2 + \gamma he - \frac{1}{2}r_a\beta^2\delta_\varepsilon^2 - \frac{1}{2}r_a\gamma^2\delta_\sigma^2 = \bar{u}$$

$$\alpha = \bar{u} - \beta ke + \frac{1}{2}be^2 - \gamma he + \frac{1}{2}r_a\beta^2\delta_\varepsilon^2 + \frac{1}{2}r_a\gamma^2\delta_\sigma^2 \quad (4-31)$$

将以等式表示的参与约束条件［公式（4-31）］和激励相容约束条件［公式（4-30）中的（IC）］代入投资者期望效用最大化函数［公式（4-30）

中的最大化函数],消去 α、e,得:

$$\max_{e,\alpha,\beta,\gamma}\left[-\alpha+(1-\beta)ke-\gamma he\right]=\max_{\beta,\gamma}\left[k\left(\frac{k\beta+h\gamma}{b}\right)-\frac{1}{2}b\left(\frac{k\beta+h\gamma}{b}\right)^2\right.$$
$$\left.-\frac{1}{2}r_a\beta^2\delta_\varepsilon^2-\frac{1}{2}r_a\gamma^2\delta_\sigma^2-\bar{u}\right] \quad (4-32)$$

在公式(4-32)中对 β 和 γ 分别求最优化一阶条件,得到:

$$\beta^*=\frac{1-\frac{h}{k}\gamma}{1+r_ab\left(\frac{\delta_\varepsilon}{k}\right)^2} \quad (4-33)$$

$$\gamma^*=\frac{\frac{k}{h}(1-\beta)}{1+r_ab\left(\frac{\delta_\sigma}{h}\right)^2} \quad (4-34)$$

公式(4-33)、公式(4-34)联立求解得到:

$$\beta^*=\frac{\delta_\sigma^2}{\delta_\sigma^2+\left(\frac{h}{k}\right)^2\delta_\varepsilon^2+\left(\frac{r_ab}{k^2}\right)\delta_\varepsilon^2\delta_\sigma^2} \quad (4-35)$$

$$\gamma^*=\frac{\delta_\varepsilon^2}{\left(\frac{h}{k}\right)\delta_\varepsilon^2+\left(\frac{k}{h}\right)\delta_\sigma^2+\left(\frac{r_ab}{kh}\right)\delta_\varepsilon^2\delta_\sigma^2} \quad (4-36)$$

将公式(4-35)和公式(4-36)代入公式(4-29),得:

$$e^*=\frac{k(k^2\delta_\sigma^2+h^2\delta_\varepsilon^2)}{b(k^2\delta_\sigma^2+h^2\delta_\varepsilon^2+r_ab\delta_\sigma^2\delta_\varepsilon^2)} \quad (4-37)$$

公式(4-35)中的 β^* 是投资者设计的独立董事最优产出分享系数,公式(4-36)中的 γ^* 是最优监控信号,公式(4-37)中 e^* 是在此激励条件下的独立董事最优监督努力程度。

4.4.3 分析与讨论

根据上面建立的模型和求出的解进行分析讨论,可以得出如下结论:

结论1：激励机制与监控机制都能激励或引导独立董事努力监督内部董事。

由公式（4-29）可知，只要 $\beta > 0$、$\gamma > 0$，β、γ 的增加都能增加监督努力 e，这说明产出分享份额 β 和监控信号 γ 都能激励独立董事努力监督内部董事。

当投资者希望独立董事的监督努力程度能够达到某一预期水平时，如果投资者的监控能力较弱，就需要提高产出的分享份额以激励独立董事。在极端情况下，如果投资者根本就没有监控能力，即 $\gamma = 0$，由公式（4-29）可知，激励独立董事努力监督内部董事就完全由产出分享份额 β 来决定；反之，当 $\beta = 0$，投资者并不给予独立董事对产出的分享时，对独立董事的激励就完全由监控信息来决定。

结论2：激励机制与监控机制具有相关性，二者之间具有一定的相互替代作用。

由公式（4-33）可知，如果监控信号 γ 增加，则产出分享份额 β 必然减少；反之，如果 γ 减少，则 β 必然增加。这说明监控信号与产出分享份额在报酬契约的设计中具有相关性，二者之间具有一定的相互替代作用。在监控信号 $\gamma = 0$ 的极端情况下，产出分享份额 β 的值取决于独立董事的监督能力、风险厌恶程度、努力成本系数和环境风险的大小；而当 $\gamma = k/h$ 时，产出分享份额 $\beta = 0$，这时的报酬契约将根据监控信息来制定。

结论3：在制定报酬契约过程中，应该综合考虑激励机制与监控机制的作用。

在众多的监控方法中，监控独立董事投入工作的时间是其中一种方法。当考虑监控信号时，γ 可以理解为是按照投入到工作中的时间所支付的报酬，β 可以理解为是按照产出所支付的报酬。随着监控信号准确度的提高，方差 δ_σ^2 变小，根据公式（4-36）可知，γ 增加；由公式（4-33）可以看出，γ 增加导致独立董事对产出的分享份额 β 减少。这说明随着监控信号准确度的提高，按照监控信息支付报酬的比例增加，按照产出分享份额支付报酬的比例减少。如果监控信号的方差趋于零时，独立董事投入到工作中的时间几乎可以精确地观察到，则最佳产出分享系数 $\beta = 0$，$\gamma = k/h$，这时，根据 $S(\pi) = \alpha + \beta\pi + \gamma S_m$ 可知，制定报酬契约应以监控信号提供的信息为依据。同理，如果监控信号的方差趋于 ∞ 时，这时，根本不能通过监控的方法来获得需要的信息，$\gamma = 0$，此时，制定报酬契约应以产出提供的信息为依据。

结论 4：由公式（4-29）可知，独立董事的监督努力程度与支付给独立董事的固定报酬无关。固定报酬制度对独立董事是否努力监督不具有激励作用。

特别地，当 β 和 γ 都为零时，根据公式（4-29）可知，$e = 0$，即，在既没有激励机制也没有监控机制的情况下，独立董事的监督努力程度趋近于零。这意味着，如果缺乏激励机制，独立董事就没有努力工作的动力；如果缺乏监控机制，独立董事就没有迫使其努力工作的压力。

结论 5：尽管固定报酬没有激励作用，但是，这并不意味着在报酬契约的设计中就不需要固定报酬。由公式（4-31）可知，独立董事的固定薪酬仍然有一个最低限度。独立董事获得的最少固定报酬只有达到公式（4-31）的要求，独立董事才有可能接受投资者设计的支付方案，否则，投资者与独立董事就难以达成合作契约，双方的目标函数也难以实现。

结论 6：假设没有监控信号，即 $\gamma = 0$，一般认为，如果增加独立董事对产出的分享比例，就可以减少支付固定报酬。但是，由公式（4-31）可知，只有当独立董事的监督能力、风险厌恶程度、方差、努力成本等综合因素使得 $k^2 - r_a b \delta_\varepsilon^2 > 0$ 时，这种观点才是可取的。而当 $k^2 - r_a b \delta_\varepsilon^2 < 0$ 时，由公式（4-31）可知，投资者在制定报酬契约时，如果提高产出分享比例 β，就导致需要增加固定报酬 α。

假设没有监控信号，即 $\gamma = 0$，此时，

$$\beta = \frac{1}{1 + r_a b \left(\dfrac{\delta_\varepsilon}{k}\right)^2} \tag{4-38}$$

对公式（4-38）进行分析可得如下结论：

结论 7：$\partial \beta / \partial k > 0$，表明独立董事监督能力越强，独立董事对产出的分

享系数 β 就应该越大,即投资者对独立董事的激励强度就应该越大。

结论 8:$\partial\beta/\partial r_a < 0$,$\partial\beta/\partial\delta_\varepsilon^2 < 0$,表明独立董事的产出分享系数 β 随着其绝对风险厌恶系数 r_a 或外生随机变量方差 δ_ε^2 的增大而减小。r_a 或 δ_ε^2 越大,风险成本 $\frac{1}{2}r_a\beta^2\delta_\varepsilon^2$ 就越高,因此,最优风险分担系数 β 就越小。

结论 9:$\partial\beta/\partial b < 0$,表明最优产出分享系数 β 随着监督努力成本系数 b 的增大而减小;由公式(4-29)可知,监督努力成本系数 b 越大,若要想独立董事选择同样的监督努力水平 e,投资者所给出的产出分享系数 β 就应该越大,但与此同时,风险成本就越高。因此,独立董事宁愿选择较低的监督努力水平,也不愿承担太大的风险成本。

由上面分析可知,激励机制与监控机制都能激励或引导独立董事努力监督内部董事。因此,在设计独立董事的激励契约时,应该综合考虑激励机制与监控机制的作用[107]。由于固定报酬制度对独立董事不具有激励作用,因此,目前实行的只支付给独立董事固定津贴的规定并不合理。独立董事的报酬应该采用绩效分享制或者与工作时间挂钩。只有对独立董事进行有效的激励,才能充分发挥独立董事在公司治理中的重要作用。

4.5 基于处罚机制投资者与独董激励博弈

独立董事制度是 2003 年以后才在我国普遍实行的公司治理制度。我国于 2006 年 1 月 1 日起施行的经过修订的《中华人民共和国公司法》明确规定上市公司必须实行独立董事制度。国外的独立董事制度也不完善,学理上存在存废之争。在这样的背景下,如何对独立董事进行监督摆在了理论和实践面前。对于对内部董事的监督,人类的智慧设计了独立董事这样一个角色。对独立董事怎样监督?目前还没有答案。为了方便研究问题,本节假设能够对独立董事进行监督。本节引入独立董事的监督力度以及对独立董事的监督惩罚力度等指标,试图探讨对独立董事进行负向激励——基于惩罚的激励机制。

由于对独立董事的激励主体目前还不十分明确，因此，本节所称"投资者"泛指任何能够对独立董事进行处罚的激励主体。当然，证券市场的实际投资者可以是主要的激励主体。中国证监会也可以作为投资者的替代机构参与激励博弈。

4.5.1　模型假设

假设1：设独立董事的监督行为和合谋行为与上市公司绩效 π 呈线性关系：$\pi = ka_s - a_c + \varepsilon$。其中，$a_s$ 为独立董事的监督行为，a_c 为独立董事的合谋行为，k 为独立董事的监督力度。在这里，行为表现为相应的价值。ε 为外界因素影响上市公司绩效的不确定随机变量，ε 的均值满足 $E(\varepsilon) = 0$。

假设2：对于独立董事的合谋行为，假设投资者可以通过一定的监督机制来进行监督和控制。设独立董事的合谋行为被投资者发现的概率为 Q，将此概率定义为投资者的监督力度，即独立董事一旦采取合谋行为，会以 Q 的概率被投资者发现。

假设3：如果独立董事的合谋行为被发现，投资者将对独立董事进行一定的惩罚 $P(a_c)$，设惩罚的力度与所发现的独立董事合谋行为的程度成正比：$P(a_c) = Pa_c$。其中，P 为惩罚力度系数。

假设4：如果投资者只有监督，而没有惩罚，那么，监督就会失去其存在的意义；如果只有惩罚而没有监督，那么，惩罚也是名存实无。因此，将监督力度与惩罚力度的乘积 QP 定义为投资者的综合监督惩罚力度。

假设5：假设投资者对独立董事进行监督，需要付出监督成本 $C(Q)$。设投资者的监督成本函数满足：$Q = 0$ 时，$C(Q) = 0$；$Q = 1$ 时，$C(Q) = \frac{1}{2}C_0 > 0$，且 $\frac{\partial C}{\partial Q} > 0$，$\frac{\partial^2 C}{\partial Q^2} > 0$。其中，$C_0$ 为投资者的监督成本系数，一般为一个非常大的数。设投资者监督成本函数为：$C(Q) = \frac{1}{2}C_0 Q^2$。

假设6：独立董事的合谋行为会给其带来一定的灰色收入，设其灰色收

入 S_c 为：$S_c = fa_c$。其中，f 为其灰色收入系数，一般满足 $0 \leq f \leq 1$。这里为了分析简化，取 $f = 1$。

假设 7：假设独立董事的激励报酬 S_I 由两个部分组成：一部分为固定工资，另一部分为与上市公司绩效挂钩的激励工资，即：$S_I = \alpha + \beta\pi$。其中，α 为独立董事的固定津贴，β 为独立董事对产出的分享比例，π 为上市公司的产出。则独立董事的总收入为：$S = S_I + S_c$。

4.5.2 模型构建

独立董事追求其自身期望效用的最大化，其自身期望效用的最大化等价于其期望实际总收入 $E(V)$ 的最大化，即：

$$\max E(V) = \max[E(S) - C(a_s) - C(a_c) - QP(a_c)] \quad (4-39)$$

$$C(a_s) = \frac{1}{2}ba_s^2$$

$$C(a_c) = \frac{1}{2}b_c a_c^2$$

其中，$C(a_s)$ 为独立董事监督行为的努力成本，b 为独立董事监督行为努力成本系数；$C(a_c)$ 为独立董事合谋行为的成本，b_c 为独立董事合谋行为的成本系数。

投资者的期望效用为其期望净利润 $E(U)$：

$$E(U) = E(\pi) - E(S_I) - C(Q) + QP(a_c) \quad (4-40)$$

4.5.3 博弈均衡

独立董事的行为策略组合与投资者监督博弈过程如下：

（1）独立董事与投资者签订报酬激励合同，假设投资者能够建立起一定的监督机制，独立董事熟知这一监督机制的各种细节；

（2）独立董事根据报酬合同和假设中的投资者能够建立起来的监督机

制，从自身期望效用最大化出发，选择自身的最优行为策略组合 Strategy；

（3）投资者可以根据报酬合同预先估计独立董事选择的行为策略组合，并以此为依据选择使上市公司绩效最大化的报酬合同和监督力度。

投资者和独立董事的博弈分析如下：

如假设7所示，独立董事的激励合同为 $S_I = \alpha + \beta\pi$，独立董事根据激励合同和假设中的投资者的监督机制选择自己的行为策略组合 $Strategy = (a_s, a_c)$，使自身期望效用最大化，即：

$$\max E(V) = \max[E(S) - C(a_s) - C(a_c) - QP(a_c)]$$
$$= \max\left[\alpha + \beta(ka_s - a_c) + a_c - Q \cdot P \cdot a_c - \frac{1}{2}(ba_s^2 + b_c a_c^2)\right]$$

（4-41）

其一阶条件为：

$$\frac{\partial E(V)}{\partial a_s} = \beta k - ba_s = 0$$

$$\frac{\partial E(V)}{\partial a_c} = 1 - \beta - QP - b_c a_c = 0$$

得到独立董事最优行为组合 $Strategy^*$ 为：

$$Strategy^* = (a_s^*, a_c^*) = \left(\frac{\beta k}{b}, \max\left[\frac{1 - \beta - QP}{b_c}, 0\right]\right) \quad (4-42)$$

从上式可以看出：投资者的监督力度与惩罚力度的乘积 QP 越大，独立董事合谋行为的程度越小，当 QP 值不小于 $1-\beta$ 时，独立董事不会采取合谋行为。将 $1-\beta$ 定义为投资者综合监督惩罚力度的临界值。

假设投资者综合监督惩罚力度大于或等于临界值 $1-\beta$（$QP \geq 1-\beta$），则博弈均衡过程如下。

此时，$a_c = \max\left[\frac{1-\beta-QP}{b_c}, 0\right] = 0$，独立董事不采取合谋行为。投资者追求自身的期望收益 $E(U)$ 最大化，即选择 (β, QP)，解下列最优化问题：

$$\begin{cases} \max E(U) = \max[E(\pi) - E(S_I) - C(Q)] \\ \text{s. t. } \alpha + \beta\pi - C(a_s) \geq \bar{u} \\ \quad (a_s, a_c) = \left(\dfrac{\beta k}{b}, 0\right) \end{cases} \quad (4-43)$$

其中，$\bar{u}$ 为独立董事的保留效用。

$$\begin{aligned} \max E(U) &= \max[E(\pi) - E(S_I) - C(Q)] \\ &= \max[E(\pi) - E(\alpha + \beta\pi) - C(Q)] \\ &= \max[(1-\beta)E(\pi) - E(\alpha) - C(Q)] \\ &= \max[(1-\beta)E(ka_s - a_c + \varepsilon) - E(\alpha) - C(Q)] \\ &= \max\left[(1-\beta)\dfrac{\beta k^2}{b} - E(\alpha) - \dfrac{1}{2}C_0 Q^2\right] \end{aligned}$$

欲使 $E(U)$ 最大，只需使 α 最小。

$$\alpha_{\min} = \bar{u} - \beta\pi + C(a_s)$$

$$\begin{aligned} E(\alpha_{\min}) &= E[\bar{u} - \beta\pi + C(a_s)] \\ &= E\left[\bar{u} - \beta(ka_s - a_c + \varepsilon) + \dfrac{1}{2}ba_s^2\right] \\ &= \bar{u} - \dfrac{\beta^2 k^2}{b} + \dfrac{1}{2}b\left(\dfrac{\beta k}{b}\right)^2 \\ &= \bar{u} - \dfrac{\beta^2 k^2}{b} + \dfrac{1}{2}\dfrac{\beta^2 k^2}{b} \\ &= \bar{u} - \dfrac{\beta^2 k^2}{2b} \end{aligned}$$

所以，

$$\begin{aligned} \max E(U) &= \max[E(\pi) - E(S_I) - C(Q)] \\ &= \max[E(\pi) - E(\alpha + \beta\pi) - C(Q)] \\ &= \max[(1-\beta)E(\pi) - E(\alpha) - C(Q)] \\ &= \max[(1-\beta)E(ka_s - a_c + \varepsilon) - E(\alpha) - C(Q)] \\ &= \max\left[(1-\beta)\dfrac{\beta k^2}{b} - \left(\bar{u} - \dfrac{\beta^2 k^2}{2b}\right) - C(Q)\right] \end{aligned}$$

$$= \max\left[\frac{\beta k^2}{b} - \frac{\beta^2 k^2}{2b} - \bar{u} - \frac{1}{2}C_0 Q^2\right]$$

求一阶条件：

$$\frac{\partial E(U)}{\partial Q} = \frac{\partial}{\partial Q}\left[\frac{\beta k^2}{b} - \frac{\beta^2 k^2}{2b} - \bar{u} - \frac{1}{2}C_0 Q^2\right] = 0$$

$$\frac{\partial E(U)}{\partial \beta} = \frac{\partial}{\partial \beta}\left[\frac{\beta k^2}{b} - \frac{\beta^2 k^2}{2b} - \bar{u} - \frac{1}{2}C_0 Q^2\right] = 0$$

解得：$Q^* = 0$，$\beta = 1$，（当 $k \neq 0$ 时）。

因此有，$(QP)^* = 0$。即，如果独立董事分享全部产出，则投资者将不用进行任何监督。但是，在实际中，独立董事不可能分享全部产出，因此，对独立董事的合谋行为，投资者需要监督。

4.5.4 均衡分析

当投资者综合监督惩罚力度小于临界值 $1-\beta(QP<1-\beta)$ 时，博弈均衡过程是下列最优化问题。从中可以分析投资者监督力度 Q、综合监督惩罚力度 QP 与其他参数之间的关系。

对于投资者来说，其问题是使自身的期望收益 $E(U)$ 最大化，即选择 (β, QP)，满足下列最优化问题：

$$\begin{cases} \max E(U) = \max\left[E(\pi) - E(S_I) - C(Q) + QP(a_c)\right] \\ \text{s.t. } \alpha + \beta\pi + a_c - QP(a_c) - C(a_s) - C(a_c) \geq \bar{u} \\ (a_s, a_c) = \left(\frac{\beta k}{b}, \max\left[\frac{1-\beta-QP}{b_c}, 0\right]\right) \end{cases} \quad (4-44)$$

将公式（4-44）的约束条件代入目标函数：

$$\max E(U) = \max\left[E(\pi) - E(S_I) - C(Q) + QP(a_c)\right]$$
$$= \max\left[E(\pi) - E(\alpha + \beta\pi) - C(Q) + QPa_c\right]$$
$$= \max\left[(1-\beta)E(\pi) - E(\alpha) - C(Q) + QPa_c\right]$$
$$= \max\left[(1-\beta)E(ka_s - a_c + \varepsilon) - E(\alpha) - C(Q) + QPa_c\right]$$
$$= \max\left[(1-\beta)E(ka_s - a_c) - E(\alpha) - C(Q) + QPa_c\right] \quad (4-45)$$

欲使 $E(U)$ 最大，只需使 α 最小。

$$\alpha_{\min} = \bar{u} - \beta\pi - a_c + QP(a_c) + C(a_s) + C(a_c)$$

$$\begin{aligned}
E(\alpha_{\min}) &= E[\bar{u} - \beta\pi - a_c + QP(a_c) + C(a_s) + C(a_c)] \\
&= E[\bar{u} - \beta(ka_s - a_c + \varepsilon) - a_c + QPa_c + C(a_s) + C(a_c)] \\
&= \bar{u} - \beta E(ka_s - a_c) - E(a_c) + QPa_c + C(a_s) + C(a_c) \quad (4-46)
\end{aligned}$$

所以，

$$\begin{aligned}
\max E(U) &= \max[E(\pi) - E(S_I) - C(Q) + QP(a_c)] \\
&= \max[(1-\beta)E(ka_s - a_c) - E(\alpha) - C(Q) + QPa_c] \\
&= \max\{(1-\beta)E(ka_s - a_c) - [\bar{u} - \beta E(ka_s - a_c) - E(a_c) + QPa_c \\
&\quad + C(a_s) + C(a_c)] - C(Q) + QPa_c\} \\
&= \max[E(ka_s) - \bar{u} - C(a_s) - C(a_c) - C(Q)] \\
&= \max\left[\frac{\beta k^2}{b} - \bar{u} - \frac{1}{2}ba_s^2 - \frac{1}{2}b_c a_c^2 - \frac{1}{2}C_0 Q^2\right] \\
&= \max\left[\frac{\beta k^2}{b} - \frac{1}{2}b\left(\frac{\beta k}{b}\right)^2 - \frac{1}{2}b_c\left(\frac{1-\beta-QP}{b_c}\right)^2 - \frac{1}{2}C_0 Q^2 - \bar{u}\right] \\
&= \max\left[\frac{\beta k^2}{b} - \frac{\beta^2 k^2}{2b} - \frac{(1-\beta-QP)^2}{2b_c} - \frac{1}{2}C_0 Q^2 - \bar{u}\right] \quad (4-47)
\end{aligned}$$

求一阶条件，如下：

$$\frac{\partial E(U)}{\partial Q} = \frac{\partial}{\partial Q}\left[\frac{\beta k^2}{b} - \frac{\beta^2 k^2}{2b} - \frac{(1-\beta-QP)^2}{2b_c} - \frac{1}{2}C_0 Q^2 - \bar{u}\right] = 0$$

得：

$$Q^* = \frac{P(1-\beta)}{P^2 + C_0 b_c} \quad (4-48)$$

则，

$$Q^*P = \frac{P^2(1-\beta)}{P^2 + C_0 b_c} < 1-\beta \quad (4-49)$$

将 Q^*P 定义为：在给定独立董事激励报酬分享比例 β 以及投资者惩罚力度 P 条件下，投资者的最优综合监督惩罚力度。

对投资者最优综合监督惩罚力度求一阶偏导数，有：

$$\frac{\partial(Q^*P)}{\partial \beta}<0 \qquad (4-50)$$

$\frac{\partial(Q^*P)}{\partial \beta}<0$ 说明 Q^*P 是独立董事激励报酬分享比例的递减函数。β 可以解释为独立董事报酬的激励程度。当投资者仅仅以减少独立董事合谋行为为目标时，投资者最优综合监督惩罚力度 Q^*P 和独立董事报酬激励程度 β 之间可以互相替代。增加独立董事的激励报酬程度 β，投资者的最优监督惩罚力度 Q^*P 就可以减低；同样，减少独立董事的报酬激励程度 β，投资者就必须提高对独立董事的最优综合监督惩罚力度 Q^*P 来达到目的[108-110]。

值得一提的是，处罚是一种反向激励，反向激励也能达到正向激励的效果。

从激励方向上划分，激励可以分为正向激励和反向激励两种类型。正向激励是指当一个人的行为符合需要的时候，通过奖励的方式来鼓励这种行为，以达到持续和发扬这种行为的目的。正向激励表现为发放奖金、增加福利等形式。反向激励则是指当一个人的行为不符合需要的时候，通过制裁的方式来抑制这种行为，以达到减少或消除这种行为的目的。反向激励表现为罚款、处罚、批评、谴责等形式。

正向激励与反向激励作为激励的两种不同类型，目的都是要对人的行为进行强化，不同之处在于二者的取向相反。正向激励起正强化的作用，是对行为的肯定；反向激励起负强化的作用，是对行为的否定。反向激励之所以有效，原因在于人们在事关自己切身利益的时候，就会对事情的成败分外关注，而趋利避害的本能会使面临危机的压力转变为动力。因此，反向激励对被激励者的刺激也能起到正向激励的效果[55]。

4.6 本章小结

防范独立董事合谋促进监督的重要方式就是对独立董事进行激励。本章首先论述了"监督"与"激励"的关系（独立董事对内部董事监督与对独立董事激励的关系），然后对委托-代理关系下最优激励机制的理论构架进行了分析。在此基础上，对对称信息条件下和不对称信息条件下独立董事的最优激励机制进行了分析，阐释了基于监控机制的独立董事激励机制模型、基于处罚机制的投资者与独立董事之间的激励博弈模型。

通过模型分析，可以得出如下结论：

（1）只有投资者和公司不在乎风险，才支付给独立董事固定的报酬。但事实上，投资者和公司并不是风险中性者，投资者和公司都千方百计地规避风险，因此，支付给独立董事固定的报酬并不合理。固定报酬制度对独立董事是否努力监督不具有激励作用。独立董事的报酬应该采用绩效分享制或者与工作时间挂钩。

（2）独立董事对产出的分享比例，或者说投资者对独立董事的激励强度，是独立董事监督能力和其分担的调研成本的增函数。

（3）投资者在设计对独立董事的激励机制时，要综合考虑独立董事的监督能力、监督努力成本、绝对风险厌恶程度、调研成本分担比例、与同行业其他上市公司横向比较等多种因素。

（4）激励机制与监控机制都能激励或引导独立董事努力监督内部董事。在设计独立董事的激励契约时，应该综合考虑激励机制与监控机制的作用。特别地，在既没有激励机制也没有监控机制的情况下，独立董事的监督努力程度趋近于零。这意味着，如果缺乏激励机制，独立董事就没有监督内部董事的动力；如果缺乏监控机制，独立董事就没有迫使其努力监督内部董事的压力。因此，激励机制与监控机制都能激励或引导独立董事对内部董事进行监督。在制定报酬契约过程中，应该综合考虑激励机制与监控机制的作用。激励机制与监控机制具有相关性，二者之间具有一定的相互替代作用。

（5）处罚机制也能促使独立董事发挥监督作用。处罚机制与激励机制也有一定的相互替代作用。

第5章 案例研究

科学研究方法的核心并不是实验本身,而是一种研究思路。这种思路可以以展示证据作为解决问题的起点,也可以以提出假设作为研究的开始[111]。案例研究方法,即准实验法,是一种追求真实性的方法,尽管该方法不用定量的证据,也不会用到显著性测试,但是,案例研究方法同样能够说明问题,得出科学结论[112,113]。作为一种实证研究,案例研究方法目前备受推崇,但是,用案例研究方法进行学术探索却是一项高难度的挑战。对独立董事的监督行为及其激励机制,采用案例研究方法进行研究的,目前还比较少见,正是在这种意义上,本书具有一定的新意。

由于独立董事制度建立时间不长,各项制度并不完善,尤其是对独立董事的提名权、选举权全都掌握在内部董事手中,内部董事在董事会的决策过程中仍然起着主导作用。作为经济人,为了自身的经济利益,独立董事是听命于内部董事,还是对其进行监督呢?本章对构造的案例进行分析。

5.1 以我国瑞尔股份①为例分析合谋寻租

5.1.1 瑞尔股份董事会的构成

表5-1是瑞尔股份董事会、监事会的构成情况。瑞尔股份公司是一家以

---

① 公司及相关人员名称为化名。——编者注

计算机软件开发为主业的高科技上市公司。从表 5-1 中可见，瑞尔股份董事会成员中，除了中国证监会法规中要求的独立董事以外，都是大股东瑞尔集团派出的人选。监事会中的所有监事都是瑞尔集团派出的集团内部干部。这些情况表明，瑞尔股份的控制权牢牢掌握在内部董事的手中。

表 5-1　　　　　　　　瑞尔股份的董事会、监事会构成

人员名称	董事会职务	管理层职务	监事会职务	来源	持股数
刘广超	董事长			瑞尔集团董事长、总经理	0
胡爱芬	副董事长	总经理		瑞尔集团董事、常务副总经理	0
蒋梦宁	董事	副总经理		瑞尔集团董事、副总经理	0
石代青	董事			瑞尔集团投资公司董事长	0
司占勇	董事			瑞尔集团董事、副总经理	0
章勇强	董事			瑞尔集团总经济师	0
祝远明	独立董事			副教授、硕士生导师、财务科科长、会计系主任	0
卢云光	独立董事			博士、具有证券发行与承销、交易、基金、投资分析从业资格	0
李胜刚	独立董事			经济法博士、法律系副教授、研究方向：公司法、证券法	0
胡继明			监事会主席	瑞尔集团纪委书记、监事会主席	0
王凤玲			监事	瑞尔集团监事、法律审计处处长	0
段志雄			监事	瑞尔集团财务部部长	0
唐惠芬			监事	瑞尔集团办公室主任	0
张珍云			监事	瑞尔集团工会主席	0

5.1.2　瑞尔内部董事寻租行为表现

在内部董事与独立董事合谋瓜分上市公司利益的案例中，瑞尔股份是明目张胆地转移上市公司利益、淘空上市公司的典型代表。在瑞尔公司中，代

表大股东的内部董事通过隧道行为转移上市公司资源的行为可以说是表现得淋漓尽致。内部董事所采用的方法是：

一是在使用募集资金时通过大量关联交易将资金和利益向属于同一利益集团的关联方转移。表5-2列出了瑞尔软件募集资金投向的统计结果。募集资金的投向主要用于购买或者委托开发无形资产、基建和购买固定资产、购买或设立子公司。

表5-2　　　　　　　瑞尔软件募集资金投向统计表　　　　　　单位：万元

募集资金用途	投入金额	其中：关联交易
委托开发软件	12708	12708
购买无形资产（软件）	5709	5709
基建和购买固定资产	16742	10359
购买股权	27000	27000
设立子公司	10450	—
补充流动资金和项目资金	22832	—
合计	95441	55775

由表5-2可见，瑞尔软件募集资金投向中除了出资设立子公司和补充流动资金外，其余的项目几乎都是关联交易，共55775万元资金投向了属于同一利益集团的关联方。虽然不能仅因为这些交易是关联交易就认定代表大股东的内部董事一定侵占了上市公司的利益，但是，通过对这些关联交易的深入分析，就可以发现支持这一判断的理由。第一，从直观上来说，瑞尔软件作为一个以软件为主业的企业，竟然需要投入巨额资金委托关联方为其开发软件或者直接从关联方购买软件，这种做法根本不符合常理，任何有判断能力的人都会怀疑瑞尔软件内部董事的这一做法；第二，瑞尔软件从关联方购买的这些资产并未给公司带来预期的收益，瑞尔软件公开信息显示，募集资金投资产生的收益仅为3374万元；第三，瑞尔软件从关联方购买的无形资产被大比例计提折旧，这表明购买的资产的真实价值值得怀疑。2003年，瑞尔

软件对原值为 22755 万元、经摊销后净值为 18296 万元的无形资产一次性计提减值准备 7219 万元，而被提减值准备的多数是用募集资金从关联方购买或者委托开发的技术，其中投资 3664 万元购买的"M++BUILDER"技术提取 682 万元，投资 914 万元购买的 PDA 技术提取 632 万元，投资 3545 万元购买的"万向接口 TPMI"软件提取的减值准备则达到了 2600 万元。如此大规模地提取减值准备确实让人怀疑这些技术购买时的定价是否公允。而到了 2005 年 6 月 30 日，瑞尔软件中期报告显示，瑞尔公司对所有无形资产都作了全额计提减值准备，这就更增加了公众对这些无形资产真实价值的怀疑。

实际上，瑞尔软件向关联方购买无形资产这类的关联交易早在募集资金以前就已经开始。1999 年，瑞尔软件曾耗资 14174 万元从关联方购买软件。

从表 5-2 还可以看到，"购买股权"一项耗资 27000 万元。这是瑞尔软件于 2003 年 7 月变更募集资金投向、斥资 27000 万元收购瑞尔资讯有限公司所持有的恩普教育投资管理有限公司 90% 股权。审计报告显示后者的净资产总额为 9981 万元，而瑞尔软件溢价 18017 万元进行收购。

从上面的分析可以看出，瑞尔软件的投资大部分流向关联企业，与关联企业的关联交易是内部董事通过"地下隧道"攫取租金行为的一种典型方式。

二是由瑞尔软件为关联方的银行借款提供担保。截至 2004 年 6 月 30 日，瑞尔软件为 17 家关联方公司的 101 笔银行借款提供担保，总金额 214568 万元。由于关联方公司未按时归还银行借款，瑞尔软件巨额的担保由或有债务逐渐成为了沉重的实际债务负担，瑞尔软件公开信息显示，因贷款方起诉，这些担保中法院已判决由公司承担连带责任的有 148372 万元，公司在 2004 年底已根据法院判决累计预计担保损失 90042 万元。

三是内部董事直接占用瑞尔软件大量资金。代表大股东的内部董事一度通过关联交易和担保方式侵占上市公司利益，这些行为具有较强的隐蔽性，而到了 2003 年，瑞尔软件经营状况已经每况愈下，既然如此，也就不再有必要顾忌太多，代表大股东的内部董事的侵占行为变得更加直接，在某种程度上甚至已经不能再算作是攫取租金的隧道行为了，已经成为赤裸裸的强取，比如将资金直接划归关联方。瑞尔软件从 2003 年起向其关联公司进行了大量没有商业交易背景的资金划拨，截至 2004 年 12 月 31 日瑞尔软件公司的控股股东及其他关联方占用瑞尔软件公司资金余额为 74758 万元。另外，瑞尔软件公司控股股东的关联方还占用了瑞尔软件控股但未纳入合并报表范围的恩普教育公司下属学院的资金 18752 万元。2004 年度瑞尔软件为关联方占用资金计提坏账准备 35254 万元[114]。

大量现金流出公司，大量到期债务无法偿还，关联方占用公司大量资金，对外担保承担连带还款责任导致公司资产被司法处置并进入执行阶段，所有这些最终导致公司出现巨额亏损、资不抵债、股价暴跌，小股东损失惨重。

5.1.3 瑞尔股份独立董事监督不作为

由于内部董事掌握着瑞尔股份的控制权，因此，代表大股东的内部董事采取关联交易、为关联企业提供巨额担保、甚至直接划拨资金而无任何交易背景等方式，从上市公司攫取巨额租金，其寻租行为已经不限于只是通过隧道行为，甚至可以说是明目张胆的"合法抢劫"。

而在整个过程中，资本市场的投资者们没有听到独立董事的一点声音。

瑞尔股份的独立董事，一位是经济法博士、法律系副教授，专门研究公司法和证券法；一位是会计专业硕士生导师，曾任财务科科长、会计系主任，可以说是财务专家；另一位是博士，具有证券发行与承销、交易、投资分析从业资格，是证券市场的行家。然而，这三位独立董事对瑞尔股份的关联交易、巨额担保、直接资金划拨等疯狂掠夺没有发表任何独立意见，独立董事对审议议案的表决意见是"均为同意"，独立董事"按照中国证监会的有关要求认真履行了职责。"作为财务、法律或证券行业的专家，三位独立董事应该知道瑞尔内部董事的做法将侵害中小股东等广大投资者的利益，然而却既没有加以制止，也没有如实披露，主观上具有不作为的意图，客观上掩护了内部董事的利益侵占行为。这种严重的不作为实际上是对瑞尔内部董事的一种默认、合作的态度。瑞尔股份独立董事不仅没有尽到作为专业人员所应达到的应有的注意义务,更没有达到理性人的一般注意义务。

5.1.4　独董与内董合谋寻租进一步分析

上面所述瑞尔股份案例旨在证明独立董事与内部董事之间确实存在着合谋、攫取租金行为。

由于内部董事和外部独立董事都是经济人,他们不可避免地要追求自身的经济利益。而上市公司中存在着巨大的经济租金,这就为他们寻租提供了可能。

5.1.4.1　租金与寻租的含义

租金,简称"租",是一个重要的经济学范畴。在经济学的发展历史中,它的外延有一个逐步扩大的过程。在早期的经济学家那里,租金是专指地租而言的,在现代经济理论中,租金概念包括了一切生产要素所产生的报酬。在寻租理论中,租金仅指生产要素报酬与其机会成本的差额,租金是指超过资源所有者的机会成本的报酬。

本书认为,由于董事会掌握着公司的决策权力,董事会内部关键董事对决策权的控制,有获得超额利润的可能,这种超额利润,就是上市公司中的租金。

租金是无所不在的。哪里有租金,哪里就有寻租。

从社会福利来看,经济人追求自身经济利益的活动大致可分为两大类:寻利与寻租。

第一类是对生产性利润的追求,即寻利。寻利是正常的市场自由竞争机制的表现,是自由竞争条件下市场主体的正和博弈,其作用是促进技术进步,降低成本,开发新产品,形成对企业家创新才能的巨大激励,引导经济发展走上良性循环的轨道。寻利活动对整个社会来说是生产性的,有利于社会资源的合理配置,能增进社会的经济福利。寻利活动是对于新增社会经济利益的追求,它依赖于生产性活动,因而能够产生社会剩余,增进社会的福利。

第二类是所谓的寻租。寻租是市场主体的一种通过利用行政和法律手段来维护既得经济利益或对既得利益进行再分配的非生产性活动。

寻租通过从事直接非生产性活动而获得租金。非生产性是寻租活动的一大特征，寻租活动能产生经济收益，但不能生产包括在正常效用函数中的产品或劳务，收益的取得直接产生于权力而不是借助于生产过程，不能扩大社会的生产规模，甚至还会因垄断而使生产规模萎缩，其争夺的只是既有的生产利润或社会财富[115-117]。

无论是在发展中国家的上市公司还是在发达国家的上市公司，经济租金和寻租行为都是普遍存在的，因为只要掌握控制权从而掌握资源配置或者产出分配的权利，这种权力的运用中都会产生经济租金，有经济租金存在，就会有寻租行为发生。

上市公司中的寻租可以这样定义：董事利用自身的一定禀赋，通过参与上市公司的决策过程，获得部分控制权，追求获得超额利润以至于造成对他人利益的损害大于获得的租金收益，这种行为就称之为董事在上市公司中的寻租。

在上市公司中，由于现有的权力架构造成存在着寻租活动的条件，它们是：

（1）上市公司中有租可寻，存在经济租和创租机制。在现代公司普遍出现"股东大会失灵"的情况下，董事会中心主义应运而生。董事会在公司战略导向、决策制定等方面发挥主要作用的同时，导致创租机制的形成，而董事会成员则在主动或被动地扮演着创租者的角色，并通过一定形式使经济租金制度化，甚至合法化。董事会被动创租是因为董事会决策能力有限或董事会在制定战略规划、发展计划时受制于某些利益主体；董事会主动创租则缘于决策权垄断。

（2）上市公司董事会中存在以理性经济人为基本特征的利益主体。由于各种主观原因和客观原因，内部董事和外部独立董事都表现出经济人的一面，在一定条件下，谋求自身利益最大化便成了他们的第一需要，而寻租也许是最佳的手段。

(3) 公司治理的各项制度并不完善，监管当局的监督能力也十分有限，不完善的制度造成寻租条件和机会。

(4) 上市公司中寻租成本远远小于寻租所得[118-120]。控股股东掌握着控制权，中小股东人微言轻，几乎没有说话的权利，于是乎，内部董事和外部独立董事大权在握，收益多多，成本低微。

5.1.4.2 寻租的危害

在现代股份制企业中，财产的所有权与经营管理权相分离，存在着委托－代理问题。如果代表某一利益集团的董事试图以贿赂手段来影响代表另一利益集团的董事的话，那么前者可能向后者合法或者非法地支付一种利益，后者获得这种利益后，可能没有上缴委托人，而是由于考虑到个人的金钱、地位等利益而偏离作为一个公共角色所具有的正式职责，这就引致寻租。

寻租具有很大的危害性。董事会中的寻租，其危害在于：

(1) 寻租耗费了上市公司和社会的经济资源，寻租的董事获利甚高，但却与产出毫无关系，使本来可以用于生产性活动的智力资源浪费在一些于社会无益的活动上。

(2) 寻租活动浪费了大量的稀缺资源，导致全社会福利水平的下降，破坏了社会的正当价值观念。

(3) 寻租活动是人类社会的负和博弈，所有寻租活动都只能产生负向外部效应[121-123]。

寻租活动对一个社会的正常存在和发展具有消极作用和负面影响，因此必须有效地抑制寻租现象。

5.1.4.3 合谋作为寻租的手段

寻租的方式多种多样。为了寻租并且共同瓜分上市公司中的租金，内部董事与外部独立董事往往采取合谋的方式。

在具有委托－代理关系的团队组织或等级组织中，当存在地位平等的同层级多个代理人，或者存在代理人之间属于等级上的控制与被控制关系的上下多层级时,并且代理人掌握决策、评价其他代理人绩效等一定权力,可能为其他人带来额外效用时,在和初始委托人达成委托-代理主契约以外,多个代理人之间为了提高自身利益或者效用状态又私下达成某种子契约,这种子契约一般与主契约相抵触,违背初始委托人的意愿,损害委托人的利益,这种私下达成子契约的行为就是合谋。

独立董事与内部董事的合谋是指在上市公司董事会的决策过程中,独立董事和内部董事为了获取额外的上市公司剩余收益或者为对抗其他对手,漠视现行规章制度或者利用现有制度规定的空白和模糊,双方默契合作、私下联手的结盟行为。独立董事与内部董事的合谋损害了股东等投资者的利益,提高了其自身的效用。

合谋存在的基本条件是:第一,在具有委托-代理关系的团队组织或等级组织中,存在地位平等的同层级多个代理人,或者存在代理人之间属于等级上的控制与被控制关系的上下多层级时;第二,代理人掌握决策、评价其他代理人绩效等一定权力,可能为其他人带来额外效用;第三,在和初始委托人达成委托-代理主契约以外,多个代理人之间私下达成的子契约能够提高代理人自身利益或者效用状态;第四,委托-代理双方存在信息不对称,委托人掌握的关于自然状态和代理人努力程度的信息不如代理人,或者委托人很难观察到代理人之间的合谋子契约抑或观察到的成本相当大[124-126]。

当上述几个基本条件同时存在时,合谋现象就有可能存在,合谋行为将有可能发生。

在上市公司董事会中,内部董事和外部独立董事都是股东的代理人,为了分享董事会决策产生的利益,分享上市公司中的租金,双方不约而同地合谋;在上市公司董事会中,内部董事掌握着独立董事的提名权、报酬决定权等权利;外部独立董事掌握着信息披露权、重大关联交易批准权等权利,内部董事与外部独立董事合谋的基本形式就是以权换权。

合谋最重要的特征是,合谋者通过歪曲信息,增大委托-代理双方的信息不对称程度,从而分享由合谋行为带来的多得利益。这些利益不只是金钱,还可以是地位、荣誉、人情等,甚至是闲暇。不仅可以是物质上的利益,还可以是精神上的利益。合谋造成委托人利益的减少。

独立董事在上市公司中的监督行为主要是一种表现为脑力劳动的智力决策，因此，独立董事是否与内部董事合谋具有隐蔽性、不可观察性、难以防范性、一定的损害性、难以认定性。

值得注意的是，独立董事监督中的不作为行为也是一种合谋。不作为是"当为而不为"，是指行为人负有实施某种特定法律义务，并且能够实行而不实行的行为。

独立董事应该认真履行监督职责，监督内部董事是其应行使的权利和应尽的义务。放弃其应行使的监督权力、不履行应尽的监督义务，这种行为就是一种监督不作为。

独立董事与内部董事的合谋行为是由其内在需求和外部刺激交互作用的结果。内在需求是内因，可以称为自发性动机；外部刺激是外因，可以称为引致性动机。

合谋行为的自发性动机是指源自独立董事自身因素，由其内在需要而产生的行为动机。这类动机不受外部因素的干扰，是合谋行为的原始驱动力。

独立董事是风险中性的"经济人"，在参与上市公司董事会决策过程中会根据成本效益分析的结果来决定对法律、准则、道德规范的执行态度；在企业治理结构中，独立董事作为与委托－代理双方均保持独立的第三方而存在，独立董事一般不是企业剩余索取权的持有者，努力工作一般不会得到什么额外收益，这在客观上导致了独立董事偷懒、监督不力乃至合谋动机的产生。独立董事"经济人"的本质属性促成了其合谋的自发性动机。

合谋行为的引致性动机是指独立董事源于外部因素刺激而产生合谋的行为动机，影响较大的引致性动机有三类：第一，信息不对称。信息不对称是合谋的基础。当自利的独立董事与代理人达成一致，凭借其"私人信息"共同向委托人寻租时，合谋行为便产生了。第二，治理机制失调。治理机制失调是合谋的直接原因。目前的公司治理涉及委托人、独立董事和被监督人三方。其中，被监督人是替委托人经营资产的代理人，独立董事是替委托人监督被监督人的代理人，他们服务于同一委托人。为了获得额外利益，独立董事有可能与代理人合谋。第三，激励机制残缺。激励机制残缺是合谋的催化剂。目前，不管独立董事尽力与否，其获取的均是固定的车马费，独立董事的所得既没有与监督的经济后果联系起来，与监督的质量也不具有相关性。因此，在缺乏监督的激励机制时，通过与被监督人合谋，谋求合同外收益也就成了独立董事的一种必然选择[127,128]。抑制独立董事合谋的自发性动机、消除引致性动机，是降低独立董事合谋程度的重要途径。

本书假定独立董事都具有履行职责的相关学识、经验和条件，都具有监督技术和监督能力。那些保持沉默的、不作为的独立董事在一定程度上也是合谋，他们可能已经被内部董事所买通。退一步讲，即使个别独立董事不具有监督能力，本书仍然认定其为合谋，因为这样的独立董事没有付出履行职责的成本却获得了巨大的本不应该获得的声誉资本，条件当然是放弃对内部董事的监督。因此，这仍然是合谋。本书所指的监督能力是指具有履行独立董事职责所必需的经济、法律等相关领域的学识、工作经验，具备上市公司运作的基本知识，熟悉相关法律、行政法规、规章及规则。事实上，独立董事上岗前，都经过中国证监会的培训。以"不熟悉""不了解"等为借口，不能作为独立董事免责的理由。

5.1.4.4 独董与内董合谋寻租的普遍性

代表大股东的内部董事通常可以运用自己对公司的控制权来获取控制权的私人收益（private benefits of control）。

我国目前上市公司的股权结构体现为高度集中，上市公司通常存在控制性股东，控股股东所持有的股份通常是非流通股。代表大股东的内部董事为什么愿意将最好的、最有市场影响力的资产拿出来包装上市？为什么愿意将优良资产"贡献"出来让所有股东"共享"？如果内部董事不能寻得巨额租金、获得超额回报的话，我们将很难理解这种"只求奉献、不求回报"式的行为。作为经济人，内部董事在提高上市公司业绩之后的回报是什么？一般而言，股东获取回报的正常途径有两种，一是通过股票升值获取增值收益，二是通过股利分配获取现金股利。由于我国上市公司大股东所拥有的股权通常不可流通，因此，大股东控制权回报的第一种途径就受到限制，现金股利成为大股东获取正常收益的唯一途径。大股东承担了改制上市过程或买壳上市的巨大成本，并将优良资产"贡献"出来与所有股东"共享"，如果仅仅是与流通股股东一样按照持股比例获取现金股利，则显然不能获得最大的回报，难以满足大股东的预期收益。因此，可以推测，大股东实现预期收益最大化还可能存在非正常的途径——寻求控制权的私人收益。

由于我国资本市场上的股权集中造成了大股东与中小股东之间的严重代理问题，代表大股东的内部董事在寻求控制权的私人收益时，通常通过两种方式攫取租金。一种方式是通过关联交易转移公司资源或者将自身的风险转嫁到公司，例如，以有利于内部董事代表的大股东的价格进行的资产买卖、为代表大股东的内部董事支付过高的薪酬、以公司名义为大股东提供贷款担保、大股东无偿占用公司资金等。这种方式称之为通过一种地下通道（即"隧道"）的方式从上市公司中转移资产和利润，这种"地下利益输送行为"侵害了中小股东的利益。另一种方式是采用特殊的财务安排，将上市公司利益向内部董事所代表的大股东进行转移，例如，通过不公平的二次发行稀释其他股东权益，制定有利于大股东的股利政策等[129]。

另外，我国资本市场的制度环境总体上对代表大股东的内部董事几乎没有约束与限制，而且，内部董事侵占上市公司利益几乎不存在任何法律风险。这种法律制度和监督机制的不健全，助长了内部董事对上市公司利益的侵占。在这样的制度安排与法律责任环境下，为了谋求最大的回报，代表大股东的内部董事将会设法充分利用，甚至滥用其控制权来实现自我利益最大化，在这一过程中，中小股东的利益将会相应受到侵害。

既然法律风险极低，外部约束极其有限，违规成本很小，控制权私人收益巨大，那么，代表大股东的内部董事通过各种方式转移上市公司利益的现象，在上市公司中普遍存在。

事实上，相当多的内部董事将核心资源包装进入上市公司的目的就是在资本市场上寻取巨额租金。为了谋求最大的回报，只要不违反给定的约束条件，大股东就会设法充分利用其控制权，甚至不惜违反法律法规。从上市公司攫取私人利益是大股东对上市公司实施控制的最终目的。

上面所述瑞尔软件就成为了内部董事的金库，关联交易、违规担保、甚至直接划拨资金，内部董事几乎抽走了上市公司的所有财富。巨额现金源源不断地输送给了大股东，而中小股东却没有获得相应的回报。

代表大股东的内部董事通过充分有效地使用控制权，通过隐蔽的地下隧道行为侵吞公司资源、攫取公司利益，在上市公司寻得大量租金、通过各种方式实现利益侵占。内部董事这种为最大化自身利益而转移公司资源的行为损害了中小股东的利益。

从上面对瑞尔股份典型案例的分析发现，上市公司中存在着内部董事攫取巨额租金、而独立董事佯装不知的现象。独立董事保持沉默，实际上是采取一种默认的、与内部董事非对抗的合作态度。这种为了取得共同的经济利益，利用现行制度的模糊和空白地带，双方默契合作、相互采取的私下结盟行为，就称之为独立董事与内部董事的合谋。独立董事对内部董事听之任之的现象，也是一种合谋。独立董事与内部董事合谋是上市公司中的一种普遍现象。

在上述瑞尔股份案例中，我们看到，独立董事都是高级知识分子，有的是法律专家，有的是财会专家，但是，为什么独立董事没有发挥出监督作用呢？答案是：非不能也，实不为也。独立董事拿了内部董事的薪酬租金，自然嘴巴就闭上了。另外，既然是专家，独立董事通晓相关规定，在制度规范不完善，尤其法律法规不完善的情况下，不作为没有任何制裁、惩罚，而如果作为，倒是得罪了内部董事，不仅得不到租金反而要卷铺盖走人。作为经济人的独立董事，趋利避害的本能促使独立董事站在了代表大股东的内部董事一边。

从独立董事的角度看，由于履行职责需要付出机会成本和冲突成本，因此，在主观上，大多数独立董事还是倾向于与内部董事进行合作。当然，独立董事可能会因为任职期间的不监督行为被查出而受到中国证监会的处罚。但是，从我国目前的实际情况看，独立董事因不作为行为而受到处罚的风险基本上还只是一种潜在的可能性，实际被处罚的案例非常之少。因此，在缺乏制度约束的现实背景下，权衡利弊得失、收益与成本，独立董事在行动上更倾向于选择不作为、不监督，以至于与内部董事合谋。

目前实行的独立董事制度，其实，并不完全值得信赖。即使在美国这样的成熟市场上，在安然、世通等财务欺诈案中，也存在独立董事与内部董事之间合谋的情况，本应以独立性为最高原则的独立董事甚至成为策划财务骗局的主谋。在我国资本市场上，独立董事的声誉机制还没有完全建立起来，独立董事作为经济人，在对内部董事监督过程中，将不得不在保持独立性和可能失去薪酬之间进行选择，而在法律制度不完善、法律风险较低的情况下，独立董事更愿意与内部董事合谋、愉快相处，共同侵蚀上市公司的剩余收益。

在我国资本市场上，代表大股东的内部董事侵占小股东利益的事件频频发生，近年来我国证券市场上爆发的一些案例中都出现大股东掏空上市公司、严重损害小股东利益的现象。

5.2　激励与监督博弈

然而，法律法规的建立、制度的发展，又会促使独立董事从合谋转向监督内部董事。

5.2.1　合谋到监督的转折与激励博弈

由于制度及相关法律法规不完善，监管当局或者说投资者在上市公司中设立独立董事进行监督的策略虽然较好，但在实行过程中却没有收到令人满意的效果。

在制度不完善、激励不充分的情况下，作为经济人，为了自身的经济利益，独立董事倾向于与内部董事合谋，共同瓜分上市公司中所存在的租金，而不是积极认真地监督内部董事。

作为多方博弈中的一方，监管当局会采取什么措施呢？新的一轮博弈如何开始呢？

现在，投资者或者投资者的代理人监管当局要采取的措施是：一方面，完善激励措施、监控措施或者加大惩罚力度；另一方面，加快制度建设，加快完善法律法规，加大对独立董事的监督力度。

例如，对于瑞尔股份独立董事的监督不作为行为，监管当局做出了回应。

2006年1月22日，中国证监会发布的处罚决定认定包括独立董事祝远明、卢云光、李胜刚在内的公司数名董事负有直接责任，对其分别处以15万元罚款。中国证监会在处罚决定书中，对瑞尔独立董事作出公开谴责，并处以15万元的罚金。对此，瑞尔独立董事不服，提出行政复议。2006年3月9日证监会作出维持原处罚决定的行政复议决定。2006年4月16日瑞尔独立董事提起诉讼，请求撤销中国证监会对其处以15万元的处罚决定。2006年5月30日，北京市第一中级人民法院驳回瑞尔独立董事的起诉。瑞尔独立董事不服一审裁定，向北京高院提出上诉。2006年6月15日，北京市高级人民法院发出裁定书，作出终审裁定：驳回上诉，一审法院裁定驳回瑞尔独立董事的起诉符合法律规定，应予维持。

对瑞尔独立董事被处罚案例应如何分析？

我国《公司法》第一百二十三条规定："董事、经理应当遵守公司章程，忠实履行职务，维护公司利益，不得利用在公司的地位和职权为自己谋取私利。"第二百一十二条规定："公司向股东和社会公众提供虚假的或者隐瞒重要事实的财务会计报告的，对直接负责的主管人员和其他直接责任人员处以一万元以上十万元以下的罚款。构成犯罪的，依法追究刑事责任。"《证券法》第六十二条规定："发行人、承销的证券公司公告招股说明书、公司债券募集办法、财务会计报告、上市报告文件、年度报告、中期报告、临时报告，存在虚假记载、误导性陈述或者有重大遗漏，致使投资者在证券交易中遭受损失的，……发行人、承销的证券公司的负有责任的董事、监事、经理应当承担连带赔偿责任。"我国《公司法》第一百一十八条规定："董事应当对董事会的决议承担责任。董事会的决议违反法律、行政法规或者公司章程，致使公司遭受严重损失的，参与决议的董事对公司负赔偿责任。但经证明在表决时曾表明异议并记载于会议记录的，该董事可以免除责任"。《证券法》第一百七十七条规定，"依照本法规定，经核准上市交易的证券，其发行人未按照有关规定披露信息，或者所披露的信息有虚假记载、误导性陈述或者有重大遗漏的，由证券监督管理机构责令改正，……对直接负责的主管人员和其他直接责任人员给予警告，并处以三万元以上三十万元以下的罚款。构成犯罪的，依法追究刑事责任"。另外，中国证监会《关于在上市公司建立独立董事制度的指导意见》规定："独立董事对上市公司及全体股东负有诚信与勤勉义务。"上述规定可以作为判断瑞尔独立董事责任的基本依据。

瑞尔股份财务造假行为都经董事会决议通过，在审议年报时董事们都投了赞成票，祝远明、卢云光、李胜刚作为董事会的成员没有公开提出异议，因此，不能适用我国《公司法》第118条规定的免责条件。虽然不见得每一个董事对所议之事都了解，但他们仍投了赞成票，就必须对自己的行为造成的后果承担法律责任，而不管该董事是否在公司领取报酬。瑞尔股份董事会连续几年保证年报不存在任何虚假记载、误导性陈述或者重大遗漏，并承诺对其内容的真实性、准确性和完整性负个别及连带责任。祝远明、卢云光、李胜刚没有履行董事对财务报告应尽的注意义务，理所当然应当对瑞尔股份的虚假陈述行为承担责任，包括行政责任和民事责任。因此，本书认为，对祝远明、卢云光、李胜刚处以罚款是恰当的。

祝远明、卢云光、李胜刚当选为瑞尔股份独立董事，实际上就是他们与瑞尔股份公司签订了契约，这个契约当然包含着独立董事行使监督权利、履行监督义务的内容。

然而，瑞尔股份独立董事与内部董事形成了默契、达成了共谋，瑞尔股份获得了独立董事声誉的担保，独立董事获得了声誉资本。独立董事的信誉担保掩盖了瑞尔股份存在的问题，掩护了招摇撞骗的内部董事，迷惑了痴心不改的证券投资者。

祝远明、卢云光、李胜刚作为独立董事本应该认真履行其监督职责，监督内部董事是其应尽的义务。然而，瑞尔股份独立董事却放弃了其应行使的监督权力。这种行为是一种监督不作为行为。不作为是"当为而不为"，是指行为人负有实施某种特定法律义务，并且能够实行而不实行的行为。独立董事的监督不作为导致了证监会对其进行处罚。

监管当局做出的和国家审判机关维持对瑞尔股份独立董事的处罚，对上市公司的所有独立董事起到了极大的震慑作用。正是中国证监会对瑞尔独立董事的处罚（反向激励）和采取的监控，约束着既要名又要利的独立董事们。

事实上，对瑞尔股份独立董事的处罚，是一个很好的判例。国家法律具有统一性，上述事件昭示着：如果再有像瑞尔股份独立董事这样的事件发生，行政机关和审判机关都会做出同样的处罚和判决。

另外，相关法律部门在认真完善制度建设。《关于证券市场因虚假陈述引发的赔偿案件的若干规定》等相关法律法规出台，对虚假陈述、放弃监督、造成投资者损失的，投资者可以起诉。2021年前后发生的康美药业一案即又一个典型案例[12]。

5.2.2 独立董事对内部董事监督博弈

在看到监管当局以及国家审判机关采取的策略后，独立董事们将如何行动？

在公司资产重组后的瑞尔股份董事会上，就购买国债问题等尚未公开披露的信息，独立董事向内部董事提出了强烈质疑。

2006年7月，瑞尔股份公司三名独立董事祝远明、卢云光、李胜刚拟聘请审计公司对瑞尔股份公司资金流动、国债买卖交易等问题进行专题审计。

7月17日瑞尔股份发表公告，提请股东大会免去祝远明独立董事职务。

7月28日独立董事祝远明表示将接受中小股东的委托，对造成国债投资损失的有关决策人员提起代表诉讼。

2006年8月，瑞尔股份因涉嫌违反证券法规被证监会立案调查。监管机关介入。

2006年8月29日，检察院对瑞尔股份几位内部董事进行了询问，之后，对 5 名内部董事采取了强制措施。

2006 年 9 月，证监会对外公布：瑞尔股份披露的财务报告与事实严重不符。

2006 年 9 月 15 日，瑞尔股份 5 名内部董事正式被捕。

2006 年 11 月 7 日，瑞尔股份内部董事诉讼案开庭审理。

上述瑞尔股份独立董事与内部董事之间的博弈以瑞尔股份内部董事被起诉而告终。

既然独立董事与内部董事有扯不清的关联交易，又为何会站出来直指其非？

为了各自的利益，瑞尔的独立董事和内部董事曾经达成共识、形成共谋，互相支持，双方互惠互利。然而，最后双方却又互不相让、分道扬镳。

都说独立董事是好看不实用的"花瓶"，为什么瑞尔股份的独立董事发挥了监督作用？

本书认为，中国证监会对瑞尔股份独立董事的处罚产生了重要影响。

中国证监会对瑞尔独立董事的处罚，令涉案的独立董事声名狼藉，声誉降到了极点，瑞尔独立董事是否还要重蹈前辙？瑞尔独立董事都是业内有头有脸的人物，具有较高的声誉资本，如果名声大跌，身败名裂，就等于断了他们的财源。瑞尔独立董事之所以敢监督内部董事，用他们自己的话说，是因为不敢担负日后的骂名，怕毁了他们自己的名声。瑞尔股份公司国债委托出现了巨大亏损，独立董事眼看着财务风险暴露，怕自己承担责任，才采取行动。于是，瑞尔独立董事才与内部董事发生正面冲突。目的是摆脱自身责任，但客观上却起到了监督内部董事的作用，及时向监管当局和投资者发出了警报。

瑞尔股份独立董事对内部董事从共谋到监督反映了激励的作用。双方一拍即合是利益驱动，双方分道扬镳也是利益驱动。如果没有中国证监会对瑞尔股份独立董事的处罚和公开谴责，如果没有中国证监会的负向激励，瑞尔股份独立董事也不会丢掉 10 万元的独立董事补贴。

中国证监会对瑞尔独立董事的处罚，促使独立董事们纷纷开始行动。乐山电力股份公司的独立董事聘请中立的审计机构，开始对公司对外担保事宜进行审计。新疆屯河两名独立董事先后辞职，向广大股东发出警报。

在独立董事对内部董事由合谋转向监督博弈过程中，激励机制起了决定性的作用。激励或处罚确实具有促使独立董事监督内部董事的作用。

5.2.3 激励的机理

激励（motivation）是指为追求某些既定目标、通过满足被激励对象的各种需要、激发或诱导其工作的积极性和主动性、使其为目标努力工作的制度安排。从激励内容上考虑，可以把激励分为物质激励与精神激励两种类型。物质激励作用于人的生理方面，是对人物质需要的满足。精神激励作用于人的心理方面，是对人精神需要的满足。

激励机制是指激励主体为使被激励对象与其目标趋向一致所设计的各种制度和契约的总和。

由于激励本身也是一种约束，某种机制的激励作用越大，约束作用也越大，因此，本书不对激励和约束做严格的区分。

从激励方向上划分，激励可以分为正向激励和反向激励两种类型。

正向激励是指当一个人的行为符合需要的时候，通过奖励的方式来鼓励这种行为，以达到持续和发扬这种行为的目的。正向激励表现为发放奖金、增加福利等形式。

反向激励则是指当一个人的行为不符合需要的时候，通过制裁的方式来抑制这种行为，以达到减少或消除这种行为的目的。反向激励表现为罚款、处罚、批评、谴责等形式。

正向激励与反向激励作为激励的两种不同类型，目的都是要对人的行为进行强化，不同之处在于两者的取向相反。正向激励起正强化的作用，是对行为的肯定；反向激励起负强化的作用，是对行为的否定。反向激励之所以有效，原因在于人们在事关自己切身利益的时候，就会对事情的成败分外关注，而趋利避害的本能会使面临危机的压力转变为动力。因此，反向激励对被激励者的刺激也能起到正向激励的效果。

前面所述中国证监会对瑞尔股份独立董事的处罚就是一种典型的反向激励。

上述案例印证了独立董事与内部董事之间的监督博弈，印证了监控机制、处罚机制等对独立董事监督具有激励作用。

上述分析证实了第3章小结中结论1、结论2——如果制度约束是不完全的，则独立董事的监督积极性也是不完全的，独立董事倾向于同内部董事进行一定程度的合谋，共同瓜分上市公司中存在的租金。而当制度约束是完全的，那么，独立董事就将选择对内部董事实行完全的监督。

独立董事的监督强度随着制度约束的加强而递增。完善法律法规等各项制度，可以提高独立董事所受到的制度约束程度，从而提高独立董事履行监督职能的积极性。

同时，也证实了第4章阐释的基于监控机制的激励理论和基于处罚机制的激励理论。

5.2.4　委托-代理激励的机制

事实上，独立董事和上市公司之间存在着委托-代理关系。

在委托-代理关系中，由于委托人和代理人具有各自不同的利益，因而在代理行为中，当代理人追求自身利益时，就有可能造成对委托人利益的损害，这就是所谓的代理问题。代理问题的产生主要有以下几方面原因：第一，代理人是一个具有独立利益和行为目标的"经济人"，代理人的目标函数与委托人的目标函数不可能完全一致，即利益不完全相同，代理人总是追求自身效用最大化；同时，委托人与代理人又都是追求自身利益最大化的经济人，因此，当代理人为追求自身利益的最大化而损害委托人的利益的时候，就出现了代理问题。第二，代理人作为"经济人"同样存在所谓的"机会主义倾向"，在代理过程中会产生职务怠慢、偷懒、损害或侵蚀委托人利益的道德风险与逆向选择问题。第三，市场环境存在不确定性，委托人难以观察代理人的行为并监督之,难以准确判定代理人行为的努力与否。第四,委托人与代理人之间存在严重的信息不对称性,委托人了解到的关于代理人的信息是有限的,委托人不可能完全了解代理人的努力程度、代理人的才能,而代理人则掌握着信息优势,因此,代理人为了自己的利益,总是想方设法在达成契约前利用信息优势诱使委托人签订有利于自己的契约,或在达成契约之后,出于自身利益的考虑对委托人采取阳奉阴违的机会主义态度,委托人又无法亲临工作现场监督代理人的活动,事后也无法推测其行动。在这两种情况下,委托人的利益都会受到损失。简单地说,委托－代理制自身存在四个难以克服的问题：利益不相同、责任不对等、信息不对称、契约不完全。由于存在上述问题,代理人既有动机、又有条件损害委托人的利益,难以保证代理人忠实地为委托人服务。委托－代理关系的实质是委托人不得不对代理人的行为后果承担风险,而这又来自信息的不对称和契约的不完备。

由于委托－代理双方的信息不对称性以及由此产生的道德风险和逆向选择问题,委托人必须事先设计一套恰当的激励约束机制,使代理人的努力与其所获得的回报接近,促使代理人通过实现委托人利益最大化而实现自身利益最大化,使二者的行为目标最大限度地趋于一致,即实现所谓"激励相容性",以此激发代理人的积极性和创造性,减少委托－代理成本、提高公司业绩。

为控制代理人的道德风险,最大限度地降低代理成本,委托人应该设计一项针对代理人的激励和补偿系统。这一系统的设计至少应包括对下列内容的选择：报酬合约、信息系统、责任及所有权分配。报酬合约规定了代理人从代理行为中的获利函数,直接诱导着代理人的行为,是决定委托人目标能否实现的关键；信息系统的选择则关系到委托－代理双方的信息分布,信号对努力的反映强度,并最终影响代理产出的风险和激励分担；责任及所有权安排既是代理关系的基本内容也是对产出的产权界定。其中报酬合约的设计需满足三个方面：第一,合约必须有足够的吸引力以防止代理人拒绝进入与委托人的代理关系而转向别处提供服务,即所提供的激励不低于代理人的保留函数,从而满足参与约束；第二,合约的设计需能够激发代理人执行委托人要求的努力水平,即代理人按自己的目标选择行动的结果也符合委托人的目标,即满足激励相容约束;第三,合约需是可执行的,即建立在委托人和代理人共同可观察的信息基础上。例如,委托人和代理人均可观察到代理人努力的产出,但无法观察代理人的努力本身,则报酬合约应被限定为共同可观察的努力产出的函数[130]。

上述案例证明了第 3 章中结论 3——选择声誉绩效较高的独立董事,如像瑞尔股份那样的独立董事,有助于提高独立董事的监督努力,降低合谋程度。

上述案例从正反两方面证明了第 3 章、第 4 章所得结论——防范独立董事与内部董事合谋的重要方式就是对独立董事进行正向激励或者反向激励。激励措施加强、惩罚力度加大后,独立董事对内部董事的监督有了明显的改善。独立董事的监督强度随着制度约束的加强而递增。如果制度约束是完全的,那么,独立董事就将对内部董事实行完全的监督。而在既没有激励机制也没有监控机制、惩罚机制的情况下,独立董事的监督努力程度将趋近于零,相反,独立董事具有与内部董事合谋的倾向。这意味着,如果缺乏激励机制,独立董事就没有监督内部董事的动力;如果缺乏监控机制或者惩罚机制,独立董事就没有迫使其努力监督内部董事的压力。激励机制与监控机制、惩罚机制具有相关性,它们之间具有一定的相互替代作用。因此,在设计独立董事的激励契约时,应该综合考虑激励机制与监控机制、惩罚机制的作用,它们都能激励或引导独立董事对内部董事进行监督。[131,132]

尽管目前还没有哪一家的独立董事被授予股权,但是十分明显,第 3 章小结中结论 4 显然成立。提高独立董事对上市公司剩余收益的索取份额,或者说,让独立董事拥有上市公司的部分股权,将提高独立董事的监督积极性。特别地,当独立董事拥有上市公司 100% 的股权时,独立董事将具有完全的监督积极性,合谋现象不复存在。当独立董事拥有 100% 的股权时,这样的企业实际上就是合伙企业。既然是自己的企业,当然就谈不上什么合谋。

5.3　本章小结

本章首先对瑞尔股份内部董事攫取租金的行为表现作了详细的分类描述，接着分析了瑞尔股份独立董事的监督不作为，对瑞尔股份独立董事与内部董事合谋攫取租金的行为，从寻租理论的角度作了进一步的分析。定义了上市公司中存在的租金和寻租概念。

本章的案例研究印证了前面的理论发现：独立董事对内部董事的监督行为遵循这样的规律，先是合谋，继而双方博弈，最后被迫监督。无论处在哪一个阶段，其真正主宰就是两个字：利益。当然，"利益"的内涵，既可以是物质利益，也可以是精神利益；既包括财产，也包括名誉。

当制度约束不完善或者执法不严时，独立董事没有足够的监督积极性。为了各自的利益，独立董事和内部董事倾向于进行一定程度的合谋，共同瓜分上市公司中存在的租金。因此，为了促使独立董事发挥监督作用，需要对独立董事进行正向激励或者反向激励。没有对独立董事的激励，就没有独立董事对内部董事的监督（没有激励，就没有监督）。

当法律法规、制度约束进一步完善，司法、执法得到进一步加强时，独立董事的监督积极性也在提高，共谋程度随之降低。当法律法规详细而完善，处罚措施明确而具体时，独立董事倾向于对内部董事实施完全的监督。独立董事的监督强度随着制度约束的加强而递增。在独立董事对内部董事从共谋到监督的博弈过程中，激励机制必不可少。对独立董事的激励，促进了独立董事对内部董事的监督（有激励，才有监督）。

本章案例同时印证了：监控机制、处罚机制与激励机制在一定程度上具有相互替代作用。监管当局的处罚和审判机关的判决，对独立董事就是一种激励，激励独立董事认真履行职责，发挥对内部董事的监督作用。

制度完善了，对独立董事的约束加强了，在制度约束和监控、处罚、激励共同作用下，独立董事最好的策略就是对内部董事进行监督。

结 论

独立董事制度是现代公司治理的焦点。尽管独立董事制度是人们关注的一个领域，但是，从如何有效地发挥独立董事在上市公司中的监督作用出发，深入地研究独立董事监督行为及其激励机制的并不多见。探讨独立董事对内部董事监督过程中的行为表现、揭示独立董事监督行为的基本规律、探索促使独立董事发挥监督作用的激励机制，不仅有助于为监管当局对上市公司进行有效监管提供支持，为上市公司优化董事会结构配置提供依据，还能够为广大投资者参与上市公司治理、激励独立董事发挥监督作用提供措施参考。因此，深入开展关于独立董事监督行为及其激励机制的理论与方法的研究，具有重大的理论与现实意义，具有明显的学术价值及应用价值。同时，研究探讨抑制内部董事这一特殊利益集团对公众公司利益的攫取，降低独立董事与内部董事的合谋程度，对于平衡社会各个利益阶层的利益、构建社会主义和谐社会，具有特殊的时代价值和社会价值。

研究独立董事监督及激励机制实质上是研究在目前的资本市场环境下，独立董事监督行为中主要存在什么问题，以及对存在的问题如何采取解决措施的机制问题。由于世界范围内以及我国实行独立董事制度的时间并不长，因此，在探索独立董事监督行为中存在的问题以及采取相应的解决措施方面系统的研究比较少。针对理论与现实中的不足，本书从独立董事对内部董事的监督、独立董事的激励机制两个方面，系统地分析了独立董事的监督行为以及为促使独立董事发挥监督作用如何对独立董事采取相应的激励机制，初步探索了监督主体与激励主体不同一条件下、面向监督行为的独立董事监督理论和激励理论。现将主要研究工作概述如下：

（1）本书在独立董事监督和监督行为、监督主体与激励主体同一与不同一情形下监督与激励的关系等概念、范畴的定义和界定方面，做出了新的释义。

（2）本书从动态的、互动的角度，初步阐释了博弈的、综合制度约束、监督强度、监督成本等多个要素的独立董事对内部董事的监督理论。

（3）本书在对独立董事激励机制研究过程中，引入了监控机制和处罚机制，扩展了激励机制的理论框架及研究边界。

本书剖析了独立董事监督行为的微观机理，研究设计了独立董事的激励机制，在实际中，这将有助于防范独立董事与内部董事合谋、激励其发挥监督作用，也将有助于完善独立董事制度、改善公司治理状况、促进上市公司规范运作、提高绩效、增强企业竞争力。

在今后的研究工作中，争取在下面几个方向上进行拓展：第一，通过实验方式研究监督行为；第二，深入研究独立董事的声誉机制。声誉机制在促进独立董事发挥监督作用方面发挥着较大的作用，有必要单独地、深入地进行研究；第三，研究独立董事的提名机制、选聘机制。在这方面，需要进行制度创新。

附录
主要符号表

λ：独立董事受到的来自于法律法规的制度约束程度，$0 \leq \lambda \leq 1$，$\lambda < 1$ 表示独立董事所受到的制度约束是不完全的。

$1-\lambda$：独立董事的寻租空间。

μ：独立董事对内部董事的监督强度，$0 \leq \mu \leq 1$。$\mu = 1$ 时，独立董事全力监督内部董事，内部董事无法获取租金收入。

$1-\mu$：独立董事留给内部董事的寻租空间，即独立董事与内部董事的合谋空间。

δ：内部董事的收益报告系数，$0 \leq \delta \leq 1$。

π：上市公司的真实收益。

$(1-\delta)\pi$：截留收益，即内部董事创造的租金。

U_S：独立董事的效用函数，$U_S = U_S(P, M_{R1}, C_S, C_{CS})$。

U_A：内部董事的效用函数，$U_A = U_A(I, M_{R2}, C_a, C_{CA})$。

P：独立董事的绩效。

M_{R1}：独立董事合谋的租金收入。

C_S：独立董事的监督成本，$C_S = \frac{1}{2}g\mu^2$，g 是监督成本系数。

C_{CS}：独立董事的合谋成本，$C_{CS} = \frac{1}{2(1-\lambda)}(1-\mu)^2$。

I：内部董事的合同收入。

M_{R2}：内部董事合谋的租金收入。

C_a：内部董事的努力成本，$C_a = \frac{1}{2}b\alpha^2$，$b$ 为努力成本系数。

C_{CA}：内部董事的合谋成本，$C_{CA} = \frac{1}{2(1-\mu)}(1-\delta)^2[(1-\beta)k\alpha - W_0]$。

π：上市公司的产出。

θ：产出的随机变量，θ 服从均值为零、方差为 σ^2 的正态随机分布，记为 $\theta \sim N(0, \sigma^2)$。

α：内部董事的努力程度。

β：内部董事对上市公司产出的分享份额，$0 \leq \beta < 1$。

W_0：内部董事的基本工资。

k：独立董事的监督能力，称为监督能力系数。

$W_0 + \beta(k\alpha + \theta)$：内部董事的合同收入。

I：内部董事合同收入的期望值，$I = W_0 + \beta\alpha$。

$(1-\beta)k\alpha - W_0$：扣除内部董事的合同收入后，上市公司的期望收益。假定基本工资 W_0 不在合同的设计范围之内，而是由工资政策外生性给定的，合同设计的内容仅仅是选择 β 的大小。

$\delta[(1-\beta)k\alpha - W_0]$：上市公司的名义收益。

$(1-\delta)[(1-\beta)k\alpha - W_0]$：独立董事与内部董事合谋的租金总额。

t：独立董事的绩效同其货币收入之间的边际替代率，$t \geq 0$。

A：表示代理人所有可选择的行动的集合。

e：表示代理人的一个特定的行动，$e \in A$。

θ：是不受委托人和代理人控制的外生随机变量，称为"自然状态"。

Θ：是 θ 的取值范围，称为"自然状态集合"。

$G(\theta)$：是 θ 在 Θ 上的分布函数。

$g(\theta)$：如果 θ 是连续变量，则 $g(\theta)$ 是 θ 在 Θ 上的概率密度函数；如果 θ 只取有限个可能值，则 $g(\theta)$ 是 θ 在 Θ 上的概率分布。

$\pi(e, \theta)$：是 e 和 θ 共同决定的一个可观测的行动结果，即产出。

$s(\pi)$：委托人支付给代理人的报酬函数，其与代理人的产出 $\pi(e,\theta)$ 相关。

$v[\pi-s(\pi)]$：委托人在确定性条件下的效用函数。

$u[s(\pi),e]$：代理人在确定性条件下的效用函数。

$F(\pi,e)$：产出 π 的分布函数。

$f(\pi,e)$：产出 π 的概率密度函数。

$\bar{u}$：代理人的保留效用。

r_a：代理人的 Arrow-Pratt 绝对风险厌恶系数。

r_p：委托人的 Arrow-Pratt 绝对风险厌恶系数。

α：代理人的固定报酬。

β：代理人对产出的分享系数，又称为激励强度。

$C(e)$：代理人付出的努力成本。

$E(u)$：均值，又称期望效用函数。

$\sigma \sim N(0, \delta_\sigma^2)$：均值为 0、方差为 δ_σ^2 的正态分布。

$\mathrm{Var}(x)$：x 的方差。

$\mathrm{Cov}(x,y)$：x,y 的协方差。

S_m：监控信号。

h：监控信号 S_m 与独立董事的监督努力程度 e 的相关程度。

a_s：独立董事的监督行为。

a_c：独立董事的合谋行为。

Q：独立董事的合谋行为被投资者发现的概率，将此概率定义为投资者的监督力度，即独立董事一旦采取合谋行为，会以 P 的概率被投资者发现。

$P(a_c)$：如果独立董事的合谋行为被发现，投资者对独立董事进行的惩罚为 $P(a_c)$。

P：惩罚力度系数。

QP：将监督力度 Q 与惩罚力度 P 的乘积 QP 定义为投资者的综合监督惩罚力度。

$C(Q)$：投资者对独立董事进行监督需要付出的监督成本。

C_0：投资者的监督成本系数。

S_c：独立董事的合谋行为给其带来的灰色收入。

f：灰色收入系数，$0 \leqslant f \leqslant 1$，为了简化分析，取 $f=1$。

S_I：独立董事的激励报酬，$S_I = \alpha + \beta\pi$。

S：独立董事的总收入，$S = S_I + S_c$。

$C(a_s)$：独立董事监督行为的努力成本。

b：独立董事监督行为努力成本系数。

$C(a_c)$：独立董事合谋行为的成本。

b_c：独立董事合谋行为的成本系数。

$Strategy$：独立董事的行为策略组合，$Strategy = (a_s, a_c)$。

Q^*P：在给定独立董事激励报酬分享比例 β 以及投资者惩罚力度 P 条件下，投资者的最优综合监督惩罚力度。

参考文献

[1] M. Blair. Post-Enron Reflections on Comparative Corporate Governance. Geogetown Law and Economics Research, 2002 (8): 16-21.

[2] S. Schwarcz. Enron, and the Use and Abuse of Special Purpose Entities in Corporate Structures. Public Law Reseach, 2003 (1): 7-14.

[3] A. A. Berle, G. C. Means. The Modern Corporation and Private Property. Reprint by Transaction Publishers, 1997: 49-51.

[4] 席酉民, 赵增耀. 公司治理. 高等教育出版社, 2004: 118-150.

[5] 李维安, 武立东. 公司治理教程. 上海人民出版社, 2003: 44-48.

[6] 梅慎实. 现代公司治理结构规范运作论. 中国法制出版社, 2003: 221-238.

[7] 范黎波, 李自杰. 企业理论与公司治理. 对外经济贸易大学出版社, 2001: 130-133.

[8] 郭强, 蒋东生. 不完全契约与独立董事作用的本质及有效性分析. 管理世界, 2003 (2): 78-89.

[9] 刘建成. 国企高级管理者的监督约束: 基于东方锅炉股票贪污案的分析. 管理世界, 2003 (10): 130-138.

[10] 田丰. 从"康美药业案"看我国独立董事制度的改革路径. 中国管理信息化, 2022 (8): 8-12.

[11] 郭富青. 我国独立董事的制度悖论、缺陷与解决途径: 对"康美药业

案"引发的独立董事辞职潮的思考. 学术论坛, 2022 (1): 61-73.

[12] 王新宇. 独立董事勤勉履职情况分析: 以康美药业为例. 当代经理人, 2022 (6): 40-45.

[13] J. W. Byrd, K. A. Hickman. Do Outside Directors Monitor Manager. Journal of Financial Economics, 1992 (32): 195-221.

[14] 谢朝斌. 独立董事法律制度研究. 法律出版社, 2000: 47-54.

[15] 王天习. 独立董事领域几个相关术语的界定. 河北法学, 2003, 21 (4): 104-108.

[16] 中国证监会. 关于在上市公司建立独立董事制度的指导意见, 2001, 8.

[17] 秦宛顺, 靳云汇, 刘明志. 金融监管的收益成本分析. 金融研究, 1999 (1): 18-23.

[18] 林海, 郑振龙. 银行监管的合约分析. 金融研究, 2000 (2): 27-31.

[19] 郑超愚, 蔡好仪, 徐忠. 外部性、不确定性、非对称信息与金融监管. 经济研究, 2000 (9): 17-23.

[20] R. Coase. The Institutional Structure of Production. American Economic Review, 1992 (5): 78-91.

[21] J. Key, J. Vickers. Regulation Reform in Britain. Economics Policy, 1990 (5): 286-351.

[22] C. A. E. Goodhart. The Central Bank and the Financial System. MacMillan, 1995: 162-195.

[23] G. J. Stigler. The Theory of Economic Regulation. The Bell Journal of Economics and Management, 1971 (2): 3-21.

[24] G. Victor. Toward an Expanded Economic Theory of Contract. Journal of Economic Issues, 1976 (10): 45-61.

[25] 许成钢. 法律、执法与金融监管. 经济社会体制比较, 2001 (5): 23-28.

[26] E. J. Kane. Impact of Regulation on Economic Behavior. Journal of Money, Credit, and Banking, 1981 (9): 355-367.

[27] E. J. Kane. A Six-Point Program for Deposit-Insurance Reform. Housing Finance Review, 1983 (7): 269 – 278.

[28] E. J. Kane. Principal-Agent Problem in S&L Salvage. Journal of Finance, 1990, 45: 755 – 764.

[29] E. F. Fama, M. C. Jesen. The Non-Correlation between Board Independence and Long Term Firm Performance, Journal of Law and Economics, 1997 (10): 23 – 29.

[30] 布莱恩·R. 柴芬斯. 公司法：理论、结构和运作. 法律出版社，2001：416 – 427.

[31] 张庆. 我国上市公司独立董事制度与中小股东的利益保护. 经济管理，2006 (21): 29 – 34.

[32] 中国证监会. 上市公司治理准则，2002，1.

[33] V. Brudney. The Independent Director-Heavenly City or Potemkin Village. Harvard Law Review, 1982, 95 (3): 597 – 659.

[34] J. F Cotter, A. Shivdasani, M. Zenner. Do Independent Directors Enhance Target Shareholder Wealth during Tender Offer. Journal of Financial Economics, 1997, 43: 195 – 218.

[35] S. Rosenstein, J. G. Wyatt. Outside Directors, Board Independence and Shareholder Wealth. Journal of Financial Economics, 1990, 26 (2): 175 – 191.

[36] 唐纳德·C. 克拉克. 独立董事与中国公司治理：兼评析"关于在上市公司建立独立董事制度的指导意见". 公司治理与资本市场监管：比较与借鉴. 北京大学出版社，2003：217.

[37] 吴清华，王平心. 公司盈余质量：董事会微观治理绩效之考察：来自我国独立董事制度强制性变迁的经验证据. 数理统计与管理，2007，26 (1): 30 – 40.

[38] W. Houston, N. Lewis. The Independent Director：Handbook and Guide to Corporate Governance. Butterworth-Heinemann Ltd, 1992: 137 – 148.

[39] K. A. Borokhovich, P. Parrino, T. Trapani. Outside Directors and CEO Se-

lection. Journal of Financial Quantitative Analysis, 1996, 31 (3): 337 – 355.

[40] J. Brickly. The Composition of Boards of Directors and Strategic Control: Effects on Corporate Strategy. Academy of Management Review, 1999, 15 (1): 72 – 87.

[41] K. Anup. The Role of Corporate Law in Corporate Governance. Cornell International Law, 1998, 31: 33 – 39.

[42] J. A. Brickley, J. L. Coles. Outside Directors and the Adoption of Poison Pills. Journal of Financial Economics, 1994, 35 (3): 371 – 390.

[43] Cadbury Code. On the Financial Aspects of Corporate Governance. Gee and Co., Ltd, 1992 (12): 56 – 71.

[44] Hampel Report, 1994: 43 – 69.

[45] R. Smerdon. A Practical Guide to Corporate Gavernanee. Sweet & Maxwell, London, 1998: 54 – 57, 59 – 63.

[46] CalPERS' Corporate Governance Core Principles & Guidelines. Gee and Co., Ltd, 1998 (4): 30 – 38.

[47] 陈桂华. 对我国上市公司独立董事制度的思考. 经济问题, 2006 (9): 66 – 67.

[48] 陈新玲. 我国独立董事制度作用分析. 经济问题, 2006 (9): 26 – 28.

[49] 李洪, 张德明. 独立董事与公司治理绩效的灰色关联分析. 经济管理, 2006 (9): 21 – 26.

[50] 肖曙光. 独立董事制度与我国上市公司业绩的相关性研究. 系统工程, 2006, 24 (8): 87 – 92.

[51] 唐清泉, 叶艳芬. 独立董事行权的有效性与实现途径: 基于独立董事问卷调查的研究. 经济管理, 2006 (11): 36 – 39.

[52] 泰勒. 科学管理原理. 中国社会科学出版社, 1998: 15 – 21.

[53] 袁定金. 国有资本运营中的激励与约束问题研究. 西南财经大学博士论文, 2003: 5 – 6.

[54] S. P. Robbins, M. Coulter. Management. Prentice Hall, 2002: 424 – 435, 437 – 438.

[55] 胡迟. 利益相关者激励: 理论、方法、案例. 经济管理出版社, 2003: 324 – 325, 1, 3 – 10.

[56] G. March, H. A. Simon. Organizations. New York: John Wiley & Sons, Inc, 1958: 84.

[57] 樊炳清. 上市公司治理与经营者激励约束. 湖北人民出版社, 2003: 56.

[58] 斯蒂芬·罗宾斯. 管理学. 中国人民大学出版社, 2002: 386 – 405.

[59] M. Spence, R. Zeckhauser. Insurance, Information, and Individual Action. The American Economic Review, 1971, 61 (2): 380 – 391.

[60] S. Ross. The Economic Theory of Agency: The Principal's Problem. American Economic Review, 1973, 63: 134 – 139.

[61] J. A. Mirrlees. Note on Welfare Economics: Information and Uncertainty. Essays on Economic Bahavior under Uncertainty, 1979: 35 – 47.

[62] B. Holmstrom. Moral Hazard and Observability. Bell Journal of Econonics, 1979, 10: 74 – 91.

[63] S. Grossman, O. Hart. An Analysis of the Principal-Agent Problem. Econometrica 1983, 51: 7 – 45.

[64] W. P. Rogerson. The First-Order Approach to Principal-Agent Problems. Econometrica, 1985, 53 (6): 1357 – 1367.

[65] B. Holmstrom, P. Milgrom. Aggregation and Linearity in the Provision of Intertemporal Incentives. Econometrica, 1987, 55: 303 – 328.

[66] 张维迎. 博弈论与信息经济学. 上海三联书店, 上海人民出版社, 2006: 266, 1, 100 – 107, 239 – 262, 256 – 262.

[67] R. Radner. Monitoring Cooperative Agreement in a Repeated Principal Agent Relationship. Econometric, 1981 (11): 27 – 48.

[68] E. Lazear, S. Rosen. Rank Order Tournament as Optimum Labour Contracts.

Journal of Political Economy, 1981: 841-864.

[69] E. F. Fama. Agency Problems and the Theory of the Firm. Journal of Political Economy, 1980, 88: 288-307.

[70] B. Holmstrom. Managerial Incentive Problem—A Dynamic Perspective. Essays in Economics and Management in Honour of Lars Wahlbeck, 1982, 13: 324-340.

[71] M. Meyer, J. Vickers. Performance Comparison and Incentive. Mimeo Nuffield College Oxford University, 1994: 78-92.

[72] Y. S. Lee, S. Rosenstein, J. G. Wyatt. The Value of Financial Outside Directors on Corporate Boards. International Review of Economic and Finance, 1999 (8): 421-431.

[73] H. Ford. Outside Directors and the Privately Owned Firm: Are They Necessary. Entrepreneurship Theory and Practice, 1988, 13 (3): 49-57.

[74] E. M. Fich, F. Shivdasani. The Impact of Stock-Option Compensation for Outside Directors on Firm Value. Journal of Business, 2005 (6): 18-23.

[75] C. J. P. Chen, B. Jaggi. Association between Independent Non-Executive Directors, Family Control and Financial Disclosures in Hong Kong. Journal of Public Policy, 2000 (19): 285-310.

[76] B. S. Black, J. M. Olin. The Core Fiduciary Duties of Outside Directors, Asla Business Law Review, 2001 (7): 32-39.

[77] C. Loh. The Influence of Outside Directors on the Adoption of Poison Pills. Quarterly Journal of Business and Economics, 1994, 33: 3-11.

[78] D. Yermack. Higher Valuation of Companies with a Small Board of Directors. Journal of Financial Economics, 1996, 40: 185-212.

[79] 高明华, 刘金玲. 独立董事和监事会的职权冲突及制度选择. 中国社会科学院研究生院学报, 2006 (11): 29-35.

[80] 钟田丽, 贾立恒, 杜淑洁. 独立董事比例与上市公司自愿披露程度的相关性. 东北大学学报 (自然科学版), 2005, 26 (8): 810-812.

[81] 唐清泉,罗党论. 风险感知力与独立董事辞职行为研究:来自中国上市公司的经验. 中山大学学报, 2007, 47 (1): 91-98.

[82] 中华人民共和国公司法. 法律出版社, 2006.

[83] 马更新. 独立董事制度研究. 知识产权出版社, 2004: 117-119.

[84] 曹正汉. 国有企业多重委托代理关系中的合谋问题:一个博弈论模型. 佛山科学技术学院学报, 1999, 17 (2): 21-27.

[85] 林钟高,徐正刚. 审计合谋的成因与治理对策. 预测, 2004, 23 (2): 22-27.

[86] 李子奈. 计量经济学:方法和应用. 清华大学出版社, 2002: 170.

[87] 李长风. 经济计量学. 上海财经大学出版社, 1998: 3.

[88] 王国成. 企业治理结构与企业家选择:博弈论在企业组织行为选择中的应用. 经济管理出版社, 2002: 51-52.

[89] J. J. Laffont, D. Martimort. Collusion under Asymmetric Information. Econometrics, 1997, 65: 875-911.

[90] J. J. Laffont, D. Martimort. Collusion and Delegation. Journal of Economics, 1998, 29: 280-305.

[91] J. J. Laffont, D. Martimort. Mechanism Design with Collusion and Correlation. Econometrics, 2000, 68: 309-342.

[92] E. Lehrer. Allocation Processes in Cooperative Games. Int J Game Theory, 2002, 31: 341-351.

[93] R. Selten. Reexamination of the Perfectness Concept for Equilibrium Points of Extensive Game. International Journal of Game Theory, 1975 (5): 25-55.

[94] 谢识予. 经济博弈论. 复旦大学出版社, 2002: 123-135, 6-11.

[95] 黄涛. 博弈论——理论与应用. 首都经济贸易大学出版社, 2005: 45-48, 12-14.

[96] K. Bergstresser. Domination Structures and Multicriteria Problems in N-person Games. Theory and Decision, 1977 (8): 55-71.

[97] F. Kofman, J. Lawarrce. Prisoner's Dilemma Model of Collusion Detertence. Journal of public Economics, 2002, 59: 117 – 136.

[98] 赵新刚,关忠良,宋学安. 上市公司阻止审计合谋的博弈分析. 数量经济技术经济研究, 2003 (2): 108 – 111.

[99] M. Spence, R. Zeckhauser. Insurance, Information and Individual Action. The American Economic Review, 1971, 61 (2): 380 – 391.

[100] S. Ross. The Economic Theory of Agency: The Principal's Problem. American Economic Review, 1973, 63: 134 – 139.

[101] R. Wilson. The Structure of Incentive for Decentralization under Uncertainty. La Decision, 1969: 171.

[102] J. A. Mirrlees. The Optimal Structure of Incentives and Authority within an Organization. The Bell Journal of Economics, 1976, 7: 105 – 132.

[103] B. Holmstrom. Moral Hazard and Observability. Bell Journal of Econonics, 1979, 10: 74 – 91.

[104] S. J. Grossman, O. Hart. An Analysis of the Principal-Agent Problem. Econometrica, 1983, 51: 7 – 45.

[105] W. P. Rogerson. The First-Order Approach to Principal-Agent Problems. Econometrica, 1985, 53 (6): 1357 – 1367.

[106] 岳中志. 非对称信息条件下的企业经营者激励契约设计. 数量经济技术经济研究, 2005 (2): 50 – 55.

[107] 唐清泉. 信息不对称下的激励与监控的模型分析. 中山大学学报, 2001, 41 (2): 119 – 125

[108] H. Mehran. Executive Compensation Structure, Ownership, and Firm Performance. Journal of Financial Economics, 1995, 38: 163 – 184.

[109] Liu Hongyan, Zhang Wei, Kong Feng. Incentive Effects of Managerial Compensations in China's State-owned Enterprises. Proceedings of 2002 International Conference On Mananement Science & Engineering, October 22 – 24, 2002.

[110] 孔峰，刘鸿雁，乞建勋．项目经理激励报酬机制与企业监督博弈分析．中国管理科学，2004，12（5）：120-123．

[111] 罗伯特·K. 殷．案例研究设计与方法．重庆大学出版社，2004：8．

[112] 罗伯特·K. 殷．案例研究方法的应用．重庆大学出版社，2004：9-10．

[113] 李怀祖．管理研究方法论．西安交通大学出版社，2000：13．

[114] 张光荣，曾勇．大股东的支撑行为与隧道行为．管理世界，2006（8）：126-135．

[115] 邓名奋．寻租与反寻租：一个理论模型．北京行政学院学报，2004（2）：33-37．

[116] 方福前．公共选择理论．中国人民大学出版社，2000：116-132．

[117] E. C. Jr. Pasour. Rent Seeking: Some Conceptual Problems and Implications. The Review of Austrian Economics, 2004 (3): 93-123.

[118] W. E. Stein. Asymmetric Rent-Seeking with More than Two Contestants. Public Choice, 2005 (4): 316-325.

[119] M. Boldrin, D. K. Levine. Rent-Seeking and Innovation. Journal of Monetary Economics, 2004, 51 (6): 90-127.

[120] L. R. Anderson, S. L. Stafford. An Experimental Analysis of Rent-Seeking under Varying Conditions. Public Choice, 2003 (2): 199-216.

[121] R. Torvik. Natural Resources, Rent-Seeking and Welfare. Journal of Development Economics, 2002 (7): 70-85.

[122] I. Bischoff, K. Hofmann. Classroom Game on the Theory of Rent Seeking: Some Practical Experience. Southern Economic Journal, 2002, 69 (1): 91-195.

[123] L. Sdorff, J. Graf. Corruption and Rent-Seeking. Public Choice, 2002 (3): 97-125.

[124] S. Ishiguro. Collusion and Discrimination in Organizations. Journal of Economic Theory, 2004, 116: 357-369.

[125] A. S. Kessler. On Monitoring and Collusion in Hierarchies. Journal of Eco-

nomic Theory, 2000, 91 (2): 280 – 291.

[126] O. Compte, F. Jenny and P. Rey. Capacity Constraints, Mergers and Collusion. European Economic Review, 2006, 46 (1): 1 – 29.

[127] C. Davidson, R. J. Deneckere. Horizontal Mergers and Collusive Behavior. International Journal of Industrial Organization, 2004 (2): 117 – 132.

[128] C. Davidson, R. J. Deneckere. Excess Capacity and Collusion. International Economic Review, 2003 (3): 521 – 541.

[129] 刘峰,贺建刚,魏明海. 控制权、业绩与利益输送. 管理世界, 2004 (8): 102 – 110.

[130] J. Levin. Relational Incentive Contracts. The American Economic Review, 2003 (6): 835 – 857.

[131] 徐延利,齐中英,刘丹. 基于监控机制的激励机制框架模型设计与扩展. 哈尔滨工业大学学报(自然科学版), 2006, 38 (10): 1626 – 1629.

[132] 徐延利,齐中英,刘丹. 不对称信息条件下独立董事激励合约的设计. 哈尔滨工业大学学报(自然科学版), 2005, 37 (12): 1711 – 1713.

致　谢

感谢岭南师范学院人才引进科学研究项目"欠发达地区经济增长研究"（ZW1807）、岭南师范学院广东沿海经济带发展研究中心项目（20191L01、2017EL03）、岭南师范学院中青年骨干教师境外研修计划（Overseas Scholarship Program for Elite Young and Middle-aged Teachers of Lingnan Normal University）的资助和支持。

特别感谢广东省"'扬帆计划'引进紧缺拔尖人才"项目（2014）、广东省高校人才引进项目、岭南师范学院2017年教学质量与教学改革精品课程"宏观经济学"（114961700227）、广东石油化工学院国际经济与贸易专业综合改革试验、广东石油化工学院人才引进项目的支持。